JN243725

生まれつき美人に見せる

SHOW THE BEAUTY YOU WERE BORN WITH

メイクアップアーティスト
吉川康雄
YASUO YOSHIKAWA

ダイヤモンド社

あなたの顔はそのまま
でもケタ違いに美人

はじめまして、吉川康雄です。

僕はメイクアップアーティストで、今はNYを拠点として活動し、各国のVOGUEのカバーや、ショーでランウェイを歩くモデル、それにセレブたちなど、多くの人たちにメイクをしています。

日本だけではなく、世界の色んな国出身のモデルたちと仕事をしていると、彼女らの個性は多種多様で、中には、日本人が思う「美」から外れている顔、日本でいわゆる〝ブス〟と呼ばれそうな際どい人もたくさんいることに気づきます。

特にトップモデルは、そのブスの要素を必ず持っていて、それと美しく磨き上げた部分を合わせることで、圧倒的な魅力を作り出しているのです。そしてその美しさはただの美人をはるかに凌《しの》いでいます。

　そんな人たちと仕事をしてきた、僕のメイクをするときに心がける事は、その人の顔の良さを発見して最大限に磨き上げること。その際、ブスの要素は放っておくこと。ブスな部分を完璧に隠したり、ないものをつくったりは絶対にしません。なぜなら、それをしてしまうと、本来の表情とズレて変になり、絶対に美しくは見えないからです。そして、そのブスな部分は綺麗な部分と合わせることでアンバランスさを作り出す、より女性を魅力的にする尊いものです。そこは絶対にキープして活用すべきスパイス、というのが僕の考えなのです。

　この発想と技さえ身につけて、皆さんの顔にそれぞれある？？％のブスな部分を有効活用できたなら、多くの方が堂々と自信を持って「私の顔です」と言える魅力的な女性になれるのではないかと思います。

メイクというものは、コンプレックスを隠蔽《いんぺい》してまったく違う顔に変身するためにあるのではありません。仮にそれが上手に出来てもメイクが褒《ほ》められるだけ。隠されたコンプレックスはどんどん膨らんで、年齢とともに隠しきれなくなってしまいます。

この本には、僕が長い間ずっと考えてきた「あなたの顔が生まれつき美人だった」と思えるメイクの方法がぎっしりつまっています。やはり、人間、自分がキレイじゃないと落ち込みます。誰にもウソをつかないメイクができれば、女の余裕が見え、ますますキレイになるのでしょう。僕は普通の男性として、そんな女性に魅力を感じます。

僕のメイクの基本は「ツヤ」、そして自分自身を少し透かして見せる「透明感のある色」。

そんなに難しくありません。ぜひ本当は「生まれつき美人」だった自分を発見してください。

CONTENTS

生まれつき美人に見せる12のルール

第1章 SKIN CARE
とにかく油分で潤わす

第2章 MAKE-UP
生まれつき美人に見せる

LIPS　唇

第3章 BODY 美女オーラはボディのツヤ

第4章 HAIR 髪の香りは飛び道具

第5章

THE BEAUTY GOES ON

美人は高みを目指す

RULE

生まれつき美人に見せる12のルール

本章が始まる前に
12のルールを確認しましょう

しみや肌のトラブルを完璧に隠してしまうということは、
スキも完全に隠してしまうということ。
そうすると何よりも避けるべき、
「ひとりで生きていける感」が出てしまいます。
「パウダーの肌」と「厚化粧」も同じ。
つくりもの感は、何よりも敵なのです。

RULE 1

あの人は生まれつき美人だから ほとんどメイクなんて しないんだろうな

美人とは、「あの人は生まれつき美人だから、ほとんどメイクなんてしないんだろうな」と思わせる人のことです。「メイクとったら残念なんだろうな……」と他人に思わせてしまうような人は、決して美人とは言えません。

特に男は「つくりもの感」にかなり厳しい生き物です。**女に生まれた限り、絶対に「痛々しい」とは思われないようにしてください。**メイクをしているのに「メイクをしていない」ように見せることができる人間は、これから一生美人として過ごしていけるでしょう。

メイクの目的は、「キレイなメイクをすること」ではなく、「あなた自身をキレイに見せること」。そう、「美人の星に生まれついちゃったの」とメイクをしたことすら忘れて、堂々としている人が美人なのです。とにかく、いつでもこの大原則は覚えておいてください。

でも、そんなことを言われても「じゃあ、どうしたらいいの？」と思う人もいるでしょう。

これから始まる、僕の「生まれつき美人に見えるメイク」は、あなたの顔はそのまま、それが何倍にも美しく見える——。そういうメイクです。顔を整形のように変えたいと思っている人には向きません。でも、自分の生まれ持った良さを生かしたい人にはすごくいいメイクです。

今、世界中見渡しても、生々しさや人間っぽさを殺さない「美しさ」が主流になっています。ランウェイを歩くスーパーモデルも、「起きてそのままドレスをまとったら似合っちゃった」というような自然なメイクばかり。**メイクもラフ、髪もラフ、それが美しいのが最上級の美女です。**

車に乗っていたら、急に風景が変わって美しい山が見えることってありますよね。

目指すはあの、自然な美しさです。山はひとつとして同じ形のものはないけれど、それぞれが神々しさを放っています。女性の美も、こうした自然の持つ神々しさと同じもの。何だか分からないけど、触りたくなる美人オーラは、やはり「人間として美しい」というところから生まれています。

私たちは生き物なので、自然の摂理に反しない方向で、美しさを探すのが大事です。**たとえばしみやしわのような自然に生まれる、自分の顔のブスな部分を消し去るのは無理。もちろん、持って生まれた目や鼻を変えるのも、無理です。**それよりは、美しい部分をもっとメイクで美しくすることにして、オリジナルの美しさを身につけましょう。ブスな部分は必要以上に気にしないことです。

まずは、流行の顔と自分の顔が違うこともある、ということを受け入れることが大事です。

全員が同じひとつの「美人顔」を目指すのは無理があるし、誰かのまねっこメイクは不自然です。例えば、今流行の太眉。これも、生まれつきこういった眉が似合う顔を持っていればいいのですが、**無理に作ってしまうと、眉と表情がズレて変に見えます。メイクと表情がちぐはぐになるから、厚化粧の印象も持たれます。**上質な顔は、自分の素材を活かすことでしかつくれないのです。

自分の顔の形を活かすのは大前提。それがメイクの楽しさだし、女性の特権です。メイクはあくまで自分の顔のためにあるということを忘れないでください。持って生まれた顔は、顔です。そこを土台にメイクをはじめましょう。

RULE

2

大体の人間は ブスと美人の混ざり合った顔

断言しましょう。美人100%の人間は存在しません。架空の動物です。みんな美人とブスが混ざり合った顔をしています。

僕は今まで世界中の、トップモデルや女優たちも含めて、かなりの女性にメイクをしてきたけれど、**ぐうの音も出ない完璧な美人には出会ったことはありません。**

世界中の女性のうち、5%はどうしようもないブスだとしたら、残りの95%は美人とブスの混合体です。小学校のときはみんなだいたい可愛くないのに、大人になったら急に美人が増えるのは、それぞれが美人の部分を伸ばしているから。どうにか美しくなりたいと思っているからです。

95%の「どちらでもない人」はやりかた次第で美人になれます。

「私の顔は美の黄金律からは外れているから……」「流行顔じゃないから……」と思う人もいるかもしれません。けれど、世界で活躍しているモデルは、ほとんど美の黄金律から外れています。

例えば、トップモデルのデヴォン青木や、カレン・エルソンを僕が初めて見たときの印象は「変な顔をした生きものだなあ」です。**でも、何だか目が離せない。これは大きな魅力です。**今や美人の代名詞のようなオードリー・ヘプバーンだって、その時代でいえば、目の大きすぎるバランスの悪い顔をしていて、それが彼女自身のコンプレックスだったそうです。

もし、彼女たちが黄金律を意識したり、流行顔に無理やり合わせたメイクをしていたらどうでしょうか？　おそらく、とんでもなく「イタく」見えるはずです。トップモデルだって、大女優だって、自分の顔を生かさないメイクをすると、途端にブスに見えるのです。

RULE 3

何だかわかんないけど ものすごく触ってみたい! という肌は「ツヤ」から生まれる

何よりも重要なのは「ツヤ」です。メイクをしていてもいなくても、肌になくてはならないものは、ツヤ。

特に男は、肌にツヤがあるとつい触りたくなります。生物として健康である証だからでしょう。オイルとクリームをたくさん塗って、「いいのかな?」と思うくらい、いつもツヤっツヤにしましょう。

僕がヒラリー・クリントンのメイクをしたときは、とにかく時間がなく、部分的に化粧直しをするくらいしかできないだろうと言われていた撮影でした。その短い時間であらゆることができるよう、準備して待ち構えていたとき、彼女は「男勝りでバリバリ働くキャラクター」そのままで現れました。彼女がしていたメイクは、パウダーファンデーションにマットなリップです。

そのあと、僕がほどこしたメイクに彼女は大喜び。それ以降、指名をされるようになりました。

では、僕は彼女に何をしたか。

「粉感をとって肌にツヤを足した」、そして「リップグロスをつける」。この、たったふたつだけです。それだけで彼女の美人度はぐんとあがりました。パウダーのファンデーション、そしてマットなリップは肌の「ツヤ」を消します。それが彼女が男勝りに見えた理由でした。それをなくすため、**「ツヤ」で、本来持っている女らしい色気を引き出したのです。**

彼女が、仕事ができる女性だなんて誰だって知っています。だから、メイクで仕事ができるアピールはいらない。むしろ彼女のセクシーさを出した方が魅力が深まるのです。

詳しいつくりかたは第1章から説明しますが、お手入れ時にこってりしたクリームは必需品。白濁しているものを選んでください。その上にするファンデーションも、オイルベースのファンデーションがイチ押しです。

視覚的にツヤをつくっておくと、見た目にもハリを感じる肌になり、全体的に若く見えます。

僕がいちばん大事にするのは、「ツヤ」。このツヤが、あなたの魅力を高めるのです。

RULE 4

パウダーと厚塗りが敵

僕がNYから一時帰国した2000年、街を歩いている日本人の女の子たちがみんな疲れているように見え、衝撃を受けました。表情が乏《とぼ》しく、生命力がない。

そう見えた原因は、なんと、当時流行していたパウダリーな仕上がりのファンデーション。さきほどの、ヒラリーと同じ肌です。これらの肌は、ツヤをすべて消してしまう上、パウダーの肌は、ストロボのような強い光が当たらない限り、のっぺりして見えます。だから、わざわざノーズシャドウやハイライトを入れなければならない。それを重ね塗りすると、当然厚化粧に見えます。**「パウダー」と「厚化粧」、このふたつは、女性を猛烈に老けさせて見せるのです。**

肌は本来、「粉を出す」という機能を持っていません。肌に粉がのっているという状態は不自然なのです。肌本来のツヤがある肌は、それだけで「きれいなすっぴん」に見えます。**また、ハリや生命力、若さを感じさせるだけでなく、上質なモノに見せる効果もあります。**

「何だかよくわからないけど、つい触っちゃった！」という肌は、ツヤ肌以外ありえないのです。

RULE 5

「色気」はコンプレックスを隠したいという恥じらいが生む

恥ずかしがる姿は、とても色っぽいもの。それは、顔でもそうです。**自分のコンプレックスを「こんな女でごめんなさい」と思い、少しでもキレイに見せようと思う気持ちが、女性を美しく見せます。**能天気な苦労を知らない人間には色気は生まれません。

僕自身、髪が薄くなってきたときは相当落ち込みました。帽子をかぶって隠したりしたし、逆に「ハゲて何が悪い！」と開き直ったりしました。けれどだんだん、「ハゲてるけど、かっこよく生きたい」というゆらぎが自分を豊かにしていることに気づきました。女性だって同じです。

しみ、しわやたるみは、人間である限り、必ずできるものです。人間は、加齢する生き物です。生まれてすぐの肌がいちばんキレイで、あとはホクロができ、毛が生え、肌もハリがなく、柔らかくなってくる。そういう自分の変化に気づいたとき、人間は今持っている「美」の大切さを意識します。

あるものがなくなっていくという事実に気づかなければ、それを良さに変えられません。**衰えがあるから、女らしくなる。より色っぽくなる。**

女性は一度、ハゲている男性とつきあってみるべきです。申し訳なさが色気を生む、ということに気づけるはずです。

「私、しみがあってごめんなさい」という気持ちは、武器だということを忘れてはいけません。

RULE 6

「どうしても諦めたくない」という気持ちだけが老化をとめる

さて、生まれ持った自分の顔を受け入れようと言ってきましたが、「諦めよう」と言っているわけではありません。たとえば、好きな色やモノが「似合わなくなってきたな」と感じても、簡単にやめてはいけません。「どうすれば似合うか」を考えることが、老けた女にならない秘訣なのです。

僕がよく聞くのは、「ピンクの口紅が似合わなくなった」という声。「もういい年だから卒業したの」と捨ててしまう。これは本当にもったいないことです。

そもそも、**色が似合わないのは発色が強すぎるからです**。とんとんと指で軽くのせるだけにしたり、ティッシュで軽くオフして色味を抑えたりするだけでも驚くほど肌になじみます。たったそれだけのことで、もう「似合わない色」は「似合う色」に復活です。第2章で説明する「5分の2発色」を心がけるだけで、何だって似合ってしまいます。

コスメを選ぶときは、「自分の好きな色」「欲しいもの」を買いましょう。それを、**何とかして似合わせようとする努力が老化を止める秘訣です**。コスメは自分の好きなパッケージのものを選べばOK。テンションが上がるパッケージを選んで、あとは使い方で似合わせればいいだけです。少し塗っただけで「これは似合わない」と見切りをつけてしまうのはもったいない。

僕もあるとき、ダメージ加工のデニムが似合わなくなったことにふと気づきました。昔はかっこよく見えたデニムも、歳をとって着るとただのボロボロの服に見えます。でも、顔の近くではなく、パンツなどにして離して着てみると、まだかっこよく着られるし、そこから新しい味がでることもある。好きなものを諦めたくなかったら、試行錯誤が必要です。年齢などのステレオタイプな「NG」を鵜呑《うの》みにしてはいけません。どんなものでも自分に似合わせてしまうのが、老けない美人です。

メイクとは、人にどう見えるかだけでなく、自分のためにもするもの。お気に入りのコスメをつかって、美しく可愛くなる。そんな楽しさのためにも、簡単に何かを諦めてはいけません。

RULE

7 鏡が壊れるくらい見る

キレイになりたいなら、とにかく壊れるくらいに鏡を見続けましょう。
大切なのは、自分の美しいところ、個性的なところを見つけること。よくよく鏡を見続けると、思いがけない場所に自分のセクシーや可愛いが見つかります。それは、単に「私は目が大きい」とか、「歯並びがいい」とか、表面的なことではありません。もっと細かい部分です。

たとえば、眉のまわりのうぶ毛。詳しくは第2章で説明しますが、眉を形作る以外の部分を無条件にすべて剃ったり抜いたりしてしまうのは厳禁。自然に見えません。

他にも、ほお骨のラインや小鼻の形、おでこの曲線、首筋など、人それぞれの美しいラインは必ずあります。どんな人間にだって、細部の美しい部分はあるもの。ざっと見ただけで「私は美人じゃないから」なんて思わずに、パーツパーツの美しさに気づきましょう。

そして、その部分にツヤを出したり、いつもキレイにお手入れしたりして、目立たせればいいのです。そこは、人がぱっと見たときに印象に残る部分でもあります。他人が意識しない細部をキレイにしていれば、「何だかわからないけど美人だな」と理由のわからないキレイさを醸し出せます。**「理由の分からない美しさ」は、美人がよく使う武器です。**

鏡を見るときは全体のバランスチェックも忘れてはいけません。たとえば、デートのとき「待ち合わせで待っている私を、遠くから見つける彼」の視線があったとします。遠くから可愛く見えるには、服やヘアスタイルを含めた全体の印象を知っておく必要がありますね。そのためには、鏡を「寄り」だけでなく「引き」でも見ておく習慣をつけておきましょう。

メイクをするときにも顔全体と部分を交互に見ることが、トータルで美人をつくるポイントになります。これらも、詳しくは第2章で説明します。

朝起きたら鏡を見て、常に手鏡を持ち歩き、メイク直しはもちろん、肌がかさついているなと思ったら鏡を見たり、寝る前にも鏡を見たり、一日に10回以上は鏡を見ましょう。鏡は、見れば見るほど可愛くなる道具です。客観的に自分を見ることで、鏡に映せない姿——目が合っていないときや、伏し目がちな自分の可愛さ——までも想像し、操ることができます。自分が油断している瞬間まで可愛い女性は、プロのモデル並みです。そのためには、まず鏡なのです。

もちろん、鏡は正直に自分のブスな部分も映します。しかし、**現実に向き合える人間だけが、美しい人間だといえます。**

RULE 08

ブスはアクセントになるので、そのまま放っておく

これまで読んで「美人な部分はツヤを出したり、お手入れをすればいいことが分かったけど、欠点はどうしたらいいの？」と思った人もいることでしょう。

基本的に、ブスな部分は放っておきましょう。

ブスはアクセントになります。人間は、「ちょっと変だな」というものにいちばん惹かれます。変な部分があるというのは、立派な個性であり、あなただけの美しさをつくるための大切な要素。だから、自分の変なところに簡単に×をつけてはいけません。ブスと美人の部分のアンバランスさは、とてつもない魅力を生むのです。

一度、変だと思う部分は忘れて、自分の中の「美人」を育てることに専念しましょう。そちらの方が、より独特の美人になれます。出っ歯だけどキメが細かいから肌にツヤを出して勝負しよう、鼻が低いけれど黒目が大きいからアイメイクで強調しよう。そういうふうに自分の持っている美人の部分をとことん伸ばして、**ブスの部分は放っておけばいいのです。**しみ、しわなども、消そうと躍起《やっき》になって「厚塗りのコワイ人」になってしまうより、ファンデーションを透けさせて、多少素肌を見せて軽やかな方が、若く魅力的に見えます。

変な部分は無理やり消そうとせず、顔にあるアクセントだと思って受け入れればいい。太眉やぽってりたらこ唇など、今までダメだったものが時代とともに「可愛い!」になることはたくさんあります。

いつか流行が自分の顔についてくるかもしれないのだから、変だと思いすぎる必要はありません。

RULE 9

クラっとさせるのはフランス人

世界中のモデルと仕事をするなかで、いちばん魅惑的なのはフランス人です。プライドが高く、ツンツンしていてわがままだけれど、遊び心があって憎めない。そういった部分はおしゃれにも反映されます。フランス人は自分にファッションやメイクを合わせるのがダントツにうまい。**自分をいちばん大切に暮らしているから、すべてを自分に合わせる力量があります。**

彼女たちは素肌がいちばんキレイな状態だと理解しているから、「隠す」ためのメイクをしません。スキンケアにはこだわるけれどファンデーションはあまり使わない。「起きてそのまま来ちゃいました」というような素肌っぽさに、真っ赤な口紅。そういうメイクが、ものすごく色っぽいのです。

フランス人のスタイリストと仕事をしているとき、彼女に似合いそうなピンクの口紅をプレゼントしたら、

「ありがとう、この色似合うのよ、私」

とにっこり笑いました。

彼女たちは、自分を引き立たせるものをすでに知っています。すべては自分が美しくあるために存在すると思っているし、自分が何を使ったらどう美しくなるのか熟知している。

その場には、実はもうひとり別のフランス人がいて、彼女にも口紅をプレゼントしました。そうしたら、それぞれが「私はこの色ね、あなたはその色が似合うわ」と言い合いました。

「私もその色にしようかしら」とは決して言いません。**それぞれに似合う色を知っていて、他人を特に羨ましがらない。**多分、この人たちはひとりが30人にモテて、もうひとりが5人にモテても、気にしないでしょう。自分には自分の美しさがある、それを知っているのです。

さらに、フランス女性の、高級ブランドのドレスにカジュアルなスニーカーを合わせるような「着崩し」のうまさは世界一。どんな高級なものでも着崩すミックスファッションは、フランス人ならではのセンス。感嘆ものです。

なぜそういう着こなしができるかというと、フランス人はやはり「自分がいちばん」だから。**どんなに高いバッグや靴があっても、いちばんなのは自分。**

だから、モノに神経質に気を遣いすぎたりせず、自分とフラットに合わせることができます。スニーカーを、平気でハイブランドのドレスに合わせたりするのはそのためです。

自分がやりたいようにやる。ルールより自分、という強さを持っています。こんな気持ちを持っているからこそ、自分のためにおしゃれを楽しめるのです。

以前、フランスの女優、シャルロット・ゲンズブールをたまたま街で見かけたことがあります。そのかっこよさに目が釘付けになりました。おそらく旅行に行く前だったのでしょう、使いこんだボロボロのヴィトンのスーツケースを山積みにして、タクシーを待つ姿。まるで穿《は》きなれたジーンズのような気軽さで、いかにも自然にヴィトンのバッグを使っていたのです。参りました。「こうじゃないとブランドものなんて使ったらだめだな」と思った瞬間です。

思わずついていきたくなる美人は、どんなモノに対しても常に自分が中心にいて、わがまま。わがままに美人が多いのは、そういうわけです。

RULE 10

「女」の部分で男を一本釣りしよう

「私ブスだけど、すごく性格がいい」という人間がいたとします。きっとそういう人は、性格の悪い美人がもし身近にいたら、「人間は中身で勝負だ」と思うかもしれません。けれど、その「性格がいい」というのは、見えないものであるがゆえに、絶対的な評価になりません。日々のちょっとしたこと（特に男の視線とか）では、外見が一番モノを言うんだと思います。

磨けば磨くほど、人は誰でも美人になるのだから、ツンツンしている意地悪な美女が、中身ではなく外見磨きに努力しているほど、ブスは努力してはいません。メイクというものはしたたかにやるものです。**せっかく女に生まれたからには、見えない中身ではなく外見で男を一本釣りしてほしい。**でないと、悲しいじゃありませんか。

ここで言いたいのは、「美人」というのは、顔だけのことではありません。体全体も含みます。デコルテ（首から胸元にかけてのライン）が美しかったり、二の腕がムッチリだったり（男は好きです）、よく似合う服を身につけて美人オーラをバンバン飛ばしたりなども含まれます。

後の章で詳しく話しますが、たとえば、顔と、腕、足にクリームを同じくらいに塗って、全身を均一にツヤツヤにするだけでも、「モデルオーラ」が出ます。美人になるポイントは、どこにでもたくさんあるのですから、それを拾いあげては磨いていれば、誰でもその人だけの美しさが手に入ります。

RULE 11

しみやクマを完璧に消すと「ひとりで生きていける感」が出てしまう

女がいちばんやってはならないこと。それは「ひとりで生きていける」雰囲気を出してしまうことです。**しみやそばかす、クマなどを完璧に消すためにコッテリ塗ったファンデーションは、実はこれをつくってしまいます。**これらの肌トラブルは、隠したい気持ちをぐっと抑えて「透け見え」させましょう。方法は第2章で説明します。

「厚塗り」というのはハゲのカツラに似ています。確実にみんなが気付いているのに、誰も何も言わない。痛々しく思われないように気をつけましょう。

実は、肌トラブルのうっすら見えは、男をぐっと来させるポイントです。たとえばクマ。クマは、「色気」を出すのに大きな武器となります。ちょっとクマを透けさせて見せれば、セクシーが操れるのです。クマができやすい体質の人はぜひやってみて下さい。

近くにいる女性のクマがひどい日があったとしましょう。「昨日何かあったのかな」「ひょっとして泣いたのかな」など、男はいろいろ考えてしまいます。少しの弱さがセクシーにつながるのです。あまりに完璧な肌よりも、ちょっとスキがあった方が人間らしく見えます。

そばかすもそうです。そばかすは、「可愛らしく」見える代表格。撮影のときに、わざとつくることもあるくらいです。これも、ファンデーションでちょっとだけ薄くしてみましょう。**クッキリしていれば醜く見える欠点も、少し薄くするだけで「可愛い」ポイントに変わります。**

肌トラブルは、醜い敵だと思わず、自分の美しさの一部だと思いましょう。

自分の顔に表れるすべてのものを「アリかナシか」で判断するのは禁物です。上手に共存していくことで、**素肌感を守ることができるだけでなく「助けてあげたい」と**

思わせることができます。

こんな風に肌の透け感は心の透け感をつくることができます。美しさをとりつくろうと、ひとりよがりな「ひとりで生きていける感じ」が出てしまいます。顔に表れるすべてのものを、あなたの美しさのひとつとして利用しましょう。

RULE

12

髪が完成した後にメイクをすると美人度がアップする

メイクをする前に、髪の毛は先に仕上げましょう。顔を美しく見せるために、髪は存在します。髪の毛は、顔の額縁です。主役はあくまでも顔。

ですので、額縁を先に用意して、それを活かしながらメイクしましょう。

たとえば、顔周りのサイドの髪をひとすじ残すと、それだけで影ができて輪郭《りんかく》が細く見えます。そこで濃くチークを入れて、顔をほっそり見せてしまうと、こけて見えてしまいます。ヘアスタイルを先に決めると、自然とメイクもそれに合わせるので、上手に調和ができて、より美人度がアップするのです。

よく髪型をロングヘアかショートヘアにするかで悩んでいる人がいますが、髪の長さで顔に似合うかどうかは決まらないので、好みで決めて大丈夫。ストレートかパーマかというのも特に問題ではありません。研究すべきは顔周りのみです。顔まわりの髪さえ似合っていれば何でもＯＫです。顔周りをラフにすると、髪に動きが出て美人度が増しますが、何が自分に似合うか美容師さんと相談しながらいろいろ試してみましょう。

髪型も服もメイクも、顔以外はすべて雰囲気づくりの道具です。間違っても、顔以上に目立ってはいけません。そうなったら最後、「おしゃれ」と思われることはあっても、「美人」とは思われません。

第1章

SKIN CARE

とにかく油分で潤わす

何よりも考えるべきは、「肌の表面」。
目に見えない浸透のことは忘れて、
ここがいつも潤っているかを第一に考えましょう。
いつもクリームやオイルで潤わす。
肌は常に油分でフタをし続けましょう。

多少テカってても、ニキビになってもコッテリ保湿している方が肌はキレイ

美しい素肌のためにまっさきに考えるべきは、肌表面。肌表面とは、目に見える肌だけのことです。化粧品などで「肌の内側に浸透する」などと言われますが、肌の内側のことは、外から見てもよく分かりません。

それに、どれだけ内側が潤っていても、目に見える表面がガサガサだったら、思わず触りたくなる肌にはなりません。内側のことも大切ですが、肌の表面が潤っていて、その見た目がキレイであることを、まずは第一に心においておきましょう。

「生まれつき美人」の最優先ポイントは、素肌が美しいこと。目指すは、思わず吸い寄せられるような、ツヤとハリのある生命力にあふれた素肌です。

ツヤには、触りたくなるものです。馬のおしりなんて本当にみずみずしくて美しくて、蹴られそうになっても近づいてなでたくなるでしょう。ツヤには、人間を惹きつける魔力があります。

そして、そのツヤはどうやってつくるか。それは、たっぷりとクリームとオイルを塗ることです。

朝と夜のケアには、肌が乾燥しないように硬いクリームやオイルを使いましょう。クリームやオイルは肌との相性さえ合っていればなんでも大丈夫です。ただ、乳化している、白いものを選びましょう。

テカリが気になる人もいると思いますが、ものすごく変じゃなければテカりはＯＫ。よく、テカリとツヤはどう違うの？　と聞かれますが、一緒です。

僕は、テカリでなぜ悪いと思っています。ボソっとした、生気のない肌よりも、ぴちぴちテカっている肌の方が美しい。もしかして、女性の視線ではテカリに見えるかもしれないけれど、男性の視線はマットな肌とテカっている肌があったら、テカリの方に釘付けです。**魅力的なテカリ、それが「ツヤ肌」なのです。**

クリームやオイルをつけすぎると、ニキビになったり、毛穴がつまったりすると言う人もいます。しかし考えてください。ニキビを気にして油分をつけず、カサカサした肌になるより、多少ニキビがあってもぴちぴちしている肌の方が絶対にいいはずです。それに僕の感覚では、ずっとコッテリ保湿していると、肌もそれに慣れて、結果的にニキビや毛穴の問題も解消されているように思います。保湿が足りず乾燥している肌の人は、しわやしみになるのも早いですが、ツヤツヤの肌は歳をとっても美しいのです。

つっぱりはしわのはじまり

乾燥は、しわをつくります。しわの原因は2つあって、この「乾燥」、そしてもうひとつは「表情」です。表情がつくるしわは、みなさんご存知のとおり、眉間のタテじわや、笑いじわなどです。

しかし、僕は表情じわは、そんなに気にしなくていいと思っています。なぜなら、その人だけの味をつくり、パーソナリティを表すからです。敵とは思わず、魅力だと思った方が独特の美が生まれるでしょう。だから、表情の方はあまり気にせず「乾燥」だけしないようにしましょう。それに、表情じわにも保湿は効きます。

しわのためには乾燥しないことを第一に考えます。自分で「つっぱってるな」と感じたら赤信号。間違いなくしわは進行しています。すぐにクリームやオイルで保湿して、しわを撃退しましょう。

しわを防ぐために必要なのは、油分。特に**よく動く目や口の周りには、コッテリつけましょう。**乾燥させないことが、美肌の至上命題です。

どのくらいつければいいのかとよく聞かれますが、その方法はひとつ。それは**「自分の感覚に従う」ことだけです。**つっぱっていたら「いいかも」と思うまでクリームをしっかり塗りましょう。

肌表面は革靴と同じです。表面から油分が抜けて乾くと、細かいしわが入ってぱりぱりになってしまいます。皮膚がうすく、ただでさえつっぱりやすい目元や口元は、笑ったり喋ったりとよく動く箇所でもあるので、革靴のように細かいしわが入りやすいのです。**油分は肌の命**なのです。

日本人はさらっとした使い心地やオイルフリーのものを好む傾向がありますが、実は肌にいいのは白い、こってりしたクリームやオイル。白いということは、油分が多いので乳化しているということです。乾燥がひどければ、先ほどのヴァセリンでも構いません。クリームやオイルを使うと、言うまでもなく、肌表面に油分の膜ができます。

いいオイルはつけた瞬間に肌に膜をつくってぽっと温かくなります。シアバターのように手のひらであたためると溶け、肌に伸ばすとぴたっとおさまるものが乾燥肌の味方です。何よりも、**肌につけたとき、感覚的に「いいかも」と思うものをつけること。**肌が求めているものを与えれば、自然と気持ちのいい肌に戻っていきます。

また、クリームを塗ることで、保湿効果だけでなく血行促進やターンオーバーを促す作用もあります。塗り続けることで、確実に化粧ノリもアップします。

つっぱりの敵として、油取り紙は今この瞬間に捨ててしまいましょう。顔の油分は必要だから神様が出しているもの。肌が乾燥しているから出しているのに、取ってしまうと意味がありません。油分を与えればとまります。

また、保湿ファンデなんていう言葉も信じないで！　保湿と名前がついていても、つけたあとにつっぱり感を感じたら、それは肌表面の乾燥。大敵です。

申し訳ありません、化粧水は
思うほど浸透していません

化粧水や乳液を一生懸命塗って、手でプレスして、「浸透しろ〜！」と頑張っている人もいるので言いづらいのですが、**どんな基礎化粧品も、浸透には限りがあります。**

ただひとつだけ言える大事なことは、ソフトタッチでつけること。これはスキンケア製品すべてに言えます。もちろん、メイクをするときもそうです。**柔らかく、羽毛でなでるように何度も何度も重ねる。**少しでもゴシゴシしたり、「痛い」と思うことがあったらダメ。気持ちがいいのが大切です。僕のメイクの最中は、寝てしまう人が多発するくらいです。素肌は何よりも大事なので、お姫さまのように扱いましょう。

特に目や鼻の周りは皮膚がうすく、柔らかい部分です。

また、すべてのクリームは、人肌くらいの温度でちょうど最高の効果がでるようにつくられていますので、つけるときには手のひらで温めることを忘れないようにしましょう。寒い日は特にです。なめらかに油分が伸びます。

何度も言いますが、気にするべきは肌表面。化粧水の浸透力を期待しすぎないで、肌を傷つけないよう、いつも潤って乾燥しないことを第一に考えるのです。

「肌がかさついたな」と思ったら家だけでなく、外でもオフィスでも保湿をしてほしいのですが、そのとき、化粧水をスプレーするのだけは絶対にNGです。あれは、夏の打ち水と一緒。つまり、水分が蒸発し、肌表面が余計に乾いてしまいます。保湿は、水分が蒸発しないよう肌表面を覆う、油分にかかっています。油が何よりも大切です。

しわやたるみを劇的になくせる美容成分はありませんし、つけただけですぐ色が白くなるような美白美容液もありません。万能の薬は存在しないので、自分の顔と丁寧に向き合って少しずつ整えていくしか、この世には方法がないのです。

肌は人によってぜんぜん違うので、自分で確かめて「いい」と思うものを使うしかありません。とにかくつっぱらないことを心がけ、たくさんの美容液のなかから自分に合う保湿成分を選びましょう。僕がおすすめするのは米ヌカ、オリーブオイル、スクワランなどです。ヒアルロン酸やはちみつエキスなどもいいですね。塗ったあと、肌が柔らかくなってしっとりするのがいいサインです。

また、ひとつのものだけずっと使っていると、いきなり合わなくなったりします。特徴があるものほどそうです。ですので、しばらく使ったら、一旦休んで別のものを使うことをおすすめします。いつも自分に合うものを探し、何種類か好きなものがあるのがベストです。肌のなかで、自分でなんとかできる唯一のものが、肌表面。アテになるのは、自分の感覚だけなのです。

スキンケアは女の必須エクササイズ

美容は、美人のエクササイズだと思いましょう。

たとえば、普通のエクササイズは健康のためにやりますよね。でも、どんなに一生懸命やっても、病気になるときはなるし、人は歳をとって死ぬことからは逃れられません。エクササイズは、その時の健康のためにはなっても、「加齢」を止めることはできません。

美容も、エクササイズに似ています。人は歳をとることからは逃れられません。しかし、「どうでもいい」と思って美容のエクササイズを怠った瞬間、美はガクンと衰えるのです。

世の中のどんな大金持ちだって、しわしわになって死んでいく。それが今の科学の限界です。もし、お金で解決できるならば、セレブたちは永遠に若いままでしょう。でも、そんな人は誰ひとりいない。つまり、**誰もが、加齢には勝てないのです。**

だからといって**何もしないでいると、普段から肌表面に気を遣ったり美容液をこまめに塗ったりしている人と大きな差が出てきます。**健康のためにエクササイズをした方がいいように、美のためにスキンケアは欠かせないのです。

美容のための時間をしっかり取ることは必須です。どんなに忙しくても、落ち着いて自分をじっくり見ないと、すぐにブスになるし、汚くなるし、不健康になってしまう。**眠いからといってケアをせずにメイクをしたまま寝たりする人と、あれこれ基礎化粧品を試して毎日鏡に向かう人との差は、何年も経った後に振り返ると歴然とします。**

スキンケアは、毎日の靴のお手入れと同じで長い時間をかけて結果を変えるもの。絶えず努力することで、あなたの「最高の状態」が続いていくのです。

基準は自分の感覚。
「お肌潤っているな」
と思うまでやる

Photo: David Slijper
VOGUE JAPAN2014年1月号別冊付録
©2015 Condé Nast Japan
All Rights Reserved.

なぜ今のモデル界はロシア人全盛なのか

今、世界で活躍しているモデルの8割はロシア人ではないか、というくらいロシア人モデルは活躍しています。彼女たちの何がすごいかというと、「自分の持って生まれたキレイさを冷静に見ている」ところです。

ロシア人モデルのほとんどに、「他国で稼いで母国の家族を養うために、たまたま美を売る仕事をやっているだけ」というクールさがある。職業美人だから、自分の美しさを客観的に見ることができるわけです。

職業美人としろうと美人の違いは、自分の美が永遠だと思っているかどうかです。ちやほやされることに慣れているしろうと美人は、あるとき「昔は美人だった」おばさんになっていることに気づいて呆然とします。イケメンだって、ただのおじさんになってしまって愕然《がくぜん》とする。むしろ、美人とブスがミックスされている顔の人のほうが、現実を見る目が養われているので、自分の老いを客観的にマネジメントでき、しろうと美人よりも、結果的に美しくいられるような気がします。

職業美人であるモデルは20歳からすでに老いと戦っています。モデルは15歳くらいでデビューするので、20歳はすでに追いかけられる立場です。毎年入る若い美しさと闘わなければいけない。シビアな世界です。20歳になると、若さにはない大人の美しさをいかに出して勝負するか考えているから、プロのモデルは大人びている人が本当に多い。食べ過ぎない、運動しすぎない、体の変化を厳しくチェックする……美しさをできるだけキープして、最高の状態に持っていく努力をしています。だからこそ職業美人はいつまでも美人だし、それに秀でているロシア人モデルは活躍できるのです。

老化はある日突然くるものではありません。生まれ落ちてから、素肌には毛が生え、ホクロができ、日に焼ける。ずっと変化し続けているわけです。ふと昔とは違う自分に気づき、「残りの人生で今この瞬間がいちばん若いんだ、キレイなんだ」という自覚を持つことから美は始まります。いつでも今が最高潮のとき、次の瞬間は前ほど若くない、ということを大事に思い、もがく人が、美しさを手に入れられるのです。

今のあなたの「美人」は永遠ではありません。いかに長くいい状態を保つかは、ロシア人モデルのような客観的な目が必要です。

第2章

MAKE-UP

生まれつき
美人に見せる

メイクに必要なのは潤いとツヤ。
潤いは、スキンケアのときだけ気にすれば
いいものでもありません。ファンデーションを塗っていても、
つっぱりのことは忘れないように。
つっぱった時点で、肌の老化は始まっています。
また、コスメの色は薄くからつけていくと、ど
んな色でも自分に似合うようになります。

EYE BROW

眉

眉だけはメイクでつくれません。
持って生まれたもので勝負しましょう。
なぜなら、眉は表情を形づくるものなので、
あまり本来の形とかけ離れたものにすると、
表情とズレて変になってしまうからです。
そこからできる範囲で、
色や形で自分の行きたい方向を
プラスしていきましょう。

EYE BROW

眉は生まれ持ったもので勝負する

この章からは、いよいよメイクに入りましょう。

顔を決めるのは、眉。そう言っても過言ではないくらい、眉はその人が「どういう人間か」を決めるものです。あなたという人間がどんな人間かは、眉の印象で決まります。

しかし、この眉というのは、あなたの意思で選べません。なぜなら、**眉は実際に生えている部分と違うところに描いてしまうと、表情とズレてしまって、不自然になるから。**感情表現も眉の大事な役割なので、まったく違うものを描くのはご法度。あなたの持って生まれた眉が上がっているなら、いい女風、下がり眉なら優しい感じと、生まれつきを基本にしながら、その範囲内で目指したい方向を考えてください。

まっすぐな眉

ニュートラルで静か

下がり眉

困った顔

上がり眉

感情的

眉山がある

意志が強い

眉山がない

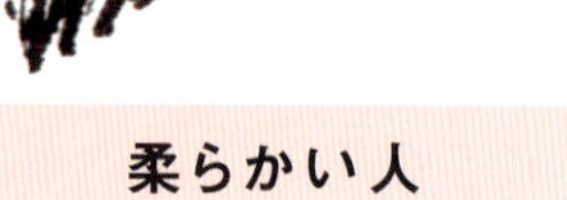

柔らかい人

眉は選べない!

持って生まれたもので勝負しよう

濃い眉

意志が強い

薄い眉

優しい

太い眉

イノセント

細い眉

クール

眉はすべて足し算の法則で考えられるので、あなたの眉が、たとえば濃くて、細くて、上がっているならイラストの要素をすべて足し「意志が強く、クールで感情が強い」という印象になります。

そして、その生まれつきの眉が持っている印象を把握したあとは、あなたの目指したい方向をメイクでプラスしましょう。その際も、前ページのイラストで紹介した足したいイメージを参考にして下さい。

後の項で描きかたを紹介しますが、太い眉の人が、柔らかな薄い色で描けば、ピュアで優しい女性に見えます。下がり眉を濃いめの色で仕上げれば「守ってあげたい!」と思わせる。細くて上がった眉を選ぶならいい女に見えます。まっすぐな眉を濃く描けば、仕事ができる人に見えるでしょう。

太さ、濃さ、長さ、色、眉頭の位置、眉間の近さ……すべての要素にイメージがあって、それぞれの足し算で相手が抱くイメージができあがります。眉は、自分では形を自由に選べません。自分の眉の形をまず把握して、そのあとで自分の抱かせたいイメージを織り交ぜながら、眉をつくることが大切です。

EYE BROW

眉の色は髪の毛と揃えなくていい

眉と髪の毛の色を一緒にしなければと思っている人も多いようですが、一緒にする必要はありません。眉の色も、顔の印象を決める大きな要素。**髪の毛の色なんて気にせず、眉そのものの色を武器にした方が断然効果的です。**眉の印象を自分の雰囲気にできていれば、髪の毛と違っていても浮くことはありません。

眉の色は「あなたの印象」を左右します。顔をつくる大事な眉を、何も考えずに髪の色にただ揃える……なんてもったいないことです。アイブロウペンシルやアイブロウライナー、眉カラーなど、好きな色で、あなたの欲しい色のイメージを眉に取り入れてみましょう。

眉の色を変えれば、
あなたの印象もガラリと変わる

黒

生まれ持った色なので、太眉にすれば「世の中のこと、何もわかりません」というようなイノセントなイメージになります。

ただし、細くしすぎてしまうと、冷たく見えたり強い女に見えたりするので、要注意。

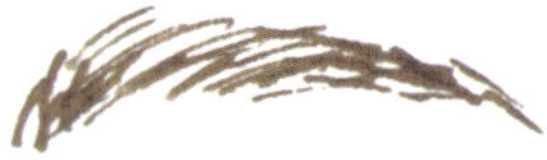

ブラウン

ふわっと柔らかい印象を与えた上に、目を強調することができる。優しく女性らしいので、色っぽさにもつながります。キツく見られがちな人は色をブラウンに変えるだけでもソフトな印象を持たれるようになるでしょう。

赤味の強いブラウン

元気のよさや個性的な感じを出します。赤みが強すぎると安っぽくなるので、注意してください。

EYE
BROW

産毛は抜かずに残す方がイノセントになる

僕はうぶ毛が好きです。ぽわぽわして可愛い。このうぶ毛は、あなたの生き物としての可愛さをつくるのに一役買っています。だから、うぶ毛すべてをなくすのは厳禁。**眉は本当にいらないものだけを「抜く」ものです。**その後、長いものははさみで整える程度にしましょう。眉毛は絶対剃《そ》ってはいけません。

うぶ毛をすべて抜くと、もちろん眉毛自体はくっきりと浮きたちます。しかし、僕はそれがそんなにいいことだとは思いません。はっきりと浮き立った眉はキツい顔に見せます。その点、**うぶ毛があるとイノセントさが出て、ふんわりした印象になります。**

また、じょりじょりの剃り跡は、おじさんのヒゲや坊主頭のように見え、「この人剃ってるな」と思わせてもしまいます。

たまに、「抜くのは痛いし血が出るから剃る」なんて言う人がいますが、毛根を壊さないよう毛流れに沿って横方向に抜けば大丈夫。痛くありません。

抜くときには、どれを抜くかよく検討してからにしましょう。僕は、モデルの眉を抜くとき、「抜いた方がいいと思うんだけど、どう思う?」と1本ずつ必ず本人に確認します。眉は、1本抜くだけでも表情が変わります。眉山を3本抜けばすっかり別人になるくらいです。眉1本で整形級の威力があるのです。だから、抜く候補となる眉を1本つまんだら、「いる? いらない?」と裁判にかけていく。毛根ごと抜けば、もしかしてその毛は次は生えてこず、永遠の別れになるかもしれないのです。眉1本には、それくらいの重みがあります。

眉から遠くにしっかり生えている毛はもちろん抜きますが、それ以外の、眉の周辺に生えている毛が考えどころです。眉と顔全体を交互に見ながら、眉単体の形ではなく、顔の印象や目とのバランスを見て、抜くべきか考えましょう。**特に眉山は要注意です。眉山の1本はすべてを変えます。**

他に難しいのが、眉頭から3分の1くらいの部分から、眉尻にかけての眉の下に生えている毛です。みんなここを抜きがちですが、ここがなくなると、相当細い印象になってしまいます。また、眉毛がくっきりと上がって見え、きつい印象にもなってしまいます。ここのうぶ毛は残し、ぽわっとさせましょう。

「この1本を抜くべきか」迷ったら、そこは保留にして、別のところを検討しましょう。そうしていくことで、「やっぱり抜いた方がいい、残した方がいい」という判断がしやすくなります。「私の毛は、自然にこう生えてるんです」と見える、美しい眉毛を目指しましょう。

髪の生え際と眉の間のおでこや、こめかみ、眉間の毛も忘れてはいけません。ここを抜くと顔がぱっと明るくなります。必ず手を入れてください。

ただし、その間の産毛も、もちろんすべて抜かないこと。眉のすぐまわりの目立つ不必要な毛だけを抜き、あえて産毛を残しましょう。何度も言いますが、**機械的にキレイにしてしまうと、人工的なつまらない顔になります。**こうする方がナチュラルだし、あどけない印象を残すことができます。

1本ずつ抜いたら、次ははさみでカットです。

まず、眉をコームで整えます。これは必ず行ってください。これひとつで、自然な毛流れなのに整っている、という雰囲気がでます。コームで整えたとき、下に向かって生えている眉上部の毛と、上に向かって生えている下部の毛がぶつかっているところが、カットすべきところ。僕は「毛だまり」と呼んでいます。この毛だまりは、一本の線となり存在感が強くなるので、それを弱めるためにタテにはさみをギザギザに入れていきましょう。

ヘアスタイルと同じく、眉にも「誰にでも似合う究極の形」はありません。チークやアイシャドウと違って、顔の一部として、すでにそこに「あるもの」。それくらい、眉の形は選べないものだと心得てください。

すっぴんになっても、眉さえ似合っていれば、美人度は段違いにUPします。誰かに接近されて見られても、描いたりしていないので自信満々でいられるようにもなります。

最初は、しばらく自然に生やしてみましょう。元の眉山や毛流れを活かし、それを整えることに全力を注ぎます。その後で、眉を抜いたり切ったりします。そうすれば、まるで「持って生まれた眉」のように自然な表情を生み出します。

眉のお手入れにはもっとも時間をかけてください。隙間時間を見つけては裁判開廷です。暇さえあれば、鏡を持って、眉毛を整えましょう。

うぶ毛を残しながら眉を抜くと
ふんわりした雰囲気になる

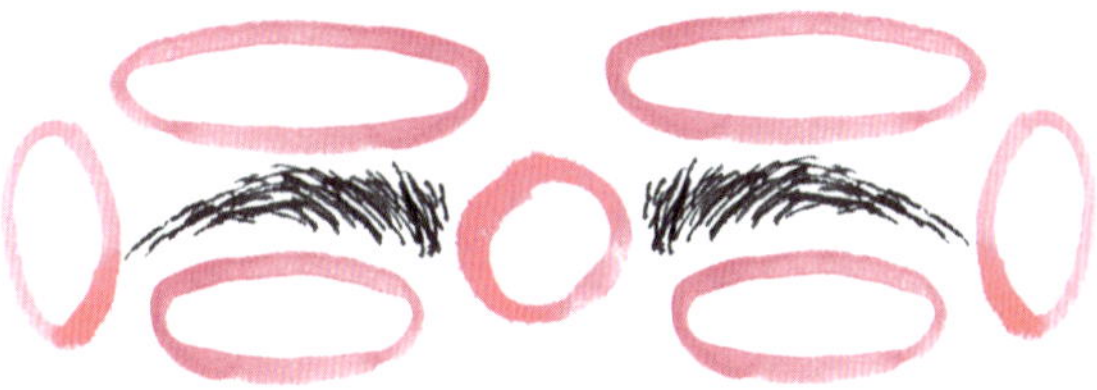

赤の範囲を、どのうぶ毛を残すか、1本1本裁判にかけながら抜く

カットすべきは「毛だまり」

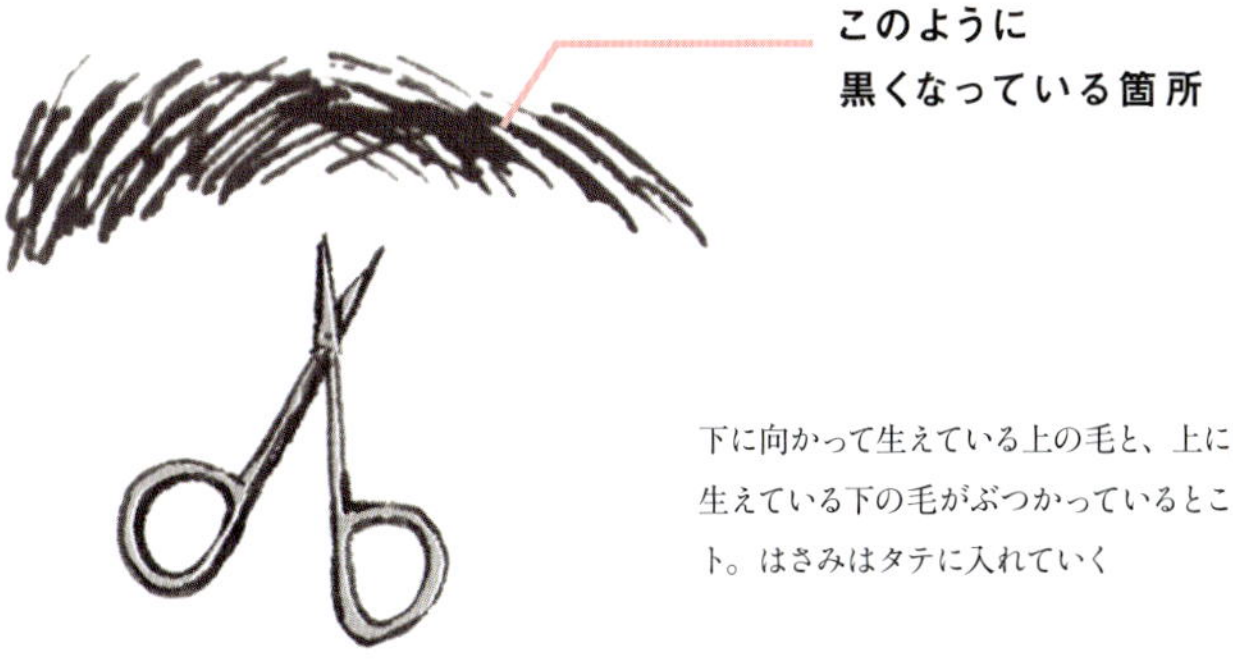

下に向かって生えている上の毛と、上に向かって生えている下の毛がぶつかっているところをカット。はさみはタテに入れていく

EYE BROW

「ワイパー塗り」はすべての眉に美しい影をつくる

眉メイクとは、「影をつけるため」にあります。

勘違いしている人が多いのですが、眉はペンシルではっきりと描いて足していく「お絵描き」ではありません。眉を失敗するポイントとして、いかにも「描いた眉」になってしまうのは、もともと存在しないところに、眉を描こうとするから。どうしても、描いた線というのはムラができ、嘘くさい仕上がりになってしまいます。しかし、そこに「影」を入れたらどうでしょうか。それは、とても自然に見えます。

眉というのは、それだけで完璧な美しさになりません。**眉毛が、その地肌につくり出す影を足すことで完成するのです。**あくまでも、眉のメイクは「影をつける」ことだと覚えておきましょう。

影をつけるということは、眉に立体感を出すということ。これまで言ってきた通り、**眉はいちばん印象が強いので、ここに立体感を出すとより眉が美しく目立つのです。**これは、眉以外でも言えることですが、いろんな場所で「立体感」を出せると美人度はより増します。「立体感」のことはいつも覚えておきましょう。

影をつけるには、「ワイパー塗り」が基本です。使用するのは、パウダーアイブロウでも、ペンシルでも何でもかまいません。

ブラシやペンシルを**ワイパーのように左右に動かし、塗っていきます。こうやって影を足していくことで、「すっぴんでもこの眉です」というくらい自然に見せることができます。**力を入れずにワイパー塗りで何度も眉を往復しながら均一に色を入れ、だんだんと眉を浮かび上がらせていくイメージです。この塗り方で、ひとつひとつの線が主張されず、「私、完璧なところにしか毛が生えていないの」と見せる自然な影が生まれます。毛が薄いところでも、影をつけていくことでいかにもそこに毛が生えているように見えるし、濃さもワイパーの増減で自由自在です。最後に遠目で見て、はみ出たり強くなりすぎた部分を綿棒でぼかしましょう。

眉を描くのは、あくまで影をつけるため。眉に線は不要です。また、眉を描くときに、先にペンシルで眉のアウトラインを取ってからする人がいますが、これもやめましょう。ワイパー塗りで自然にできた眉の形を、ちょっと引いて見て、それから整えるので十分です。

EYE BROW

自然な眉は、眉頭が絶対薄い

自然な状態の眉頭は薄いもの。 本来は薄いはずの眉頭の色が濃いと、なんだか感情的な女に見えてしまうので、強い女キャラを狙うとき以外はやめましょう。

それに、眉頭を薄くすると、いかにもお絵描きしたような眉毛からも卒業できます。

眉本体よりも、パウダーのパレットにある淡い色、もしくは淡い色のペンシルで影を入れると誰でも簡単に優しい眉頭がつくれます。 このとき、細くて硬いペンシルやブラシではなく、なるべく柔らかく、幅が広いブラシで優しく乗せていくとソフトな印象を出せます。

ここで重要なのは眉頭のスタート位置。印象をいちばん左右するので、もし自然な状態で、左右の眉が離れ過ぎていたり近過ぎたりするのであれば、ここはコントロールの必要があります。

左右の眉頭を近づけたい

↓眉を近くすると意志が強い顔になります。近づけるときは、淡い色のパウダーで顔の少し中央よりの、スタートしたい位置にほんのりと「ここにも眉がありますよ」と装《よそお》って影を入れていきます。

左右の眉頭を遠ざけたい

↓眉を離すと優しくて朗らかな印象に。離すときは、眉頭付近には手を加えず、スタート位置に見せたい場所からパウダーを影としてのせます。こうすると影のない部分の印象が自然に弱くなります。

眉頭にさえこだわれば、一気に洗練された雰囲気になり、眉の美人度があがります。

「私の話を聞いてください〜」といつもお願いできる顔

POINT 1

眉頭は、上部だけに柔らかいブラシで影を入れる（こうすると、眉頭のスタートが上になり、自然と下がり眉に見える。ジェルを使って眉頭の毛を上げてもOK）。その際、眉尻に比べて眉頭が絶対に濃くならないように。

POINT 2

色はブラウン。ブラウンのパウダーを使って表情を華やかにし、「いいとこのお嬢さん」感も出す。眉頭には、パレットの一段薄い色を使うとほんわか優しい顔になる。眉全体が濃く見えてしまった場合は、原因となる毛だまりをカットする。

POINT 3

アウトラインはぼかす。

この眉は、自分が下から見上げたときに顔が最も美しく見える眉です。メイクはいつものままでも、眉を変えるだけで女子アナ顔があなたのものに。この眉にしたなら、ぜひ試してほしいのが、実はわがままな女。きっとわがままが許されやすくなりますので、うるうる眉で引き寄せたところで振り回しちゃってください。

実はいちばん振りまわす!

うるうる可愛い女子アナの眉

- 少し太めの下がり眉にする。眉山ははっきりとつくらない
- 色は明るすぎないブラウンに
- アウトラインはぼんやりと

ザ・美女「高い女」の眉はこれ

POINT 1

眉頭の下に影を描き足す。こうすることで、眉山までの角度がつき、強い女の印象になる。眉頭はぼかしすぎない。眉尻に向かって細く上げていく。ここで少し太さを出すと、意志の強さにピュアなあたたかみも加わるのでお好みで。

POINT 2

やや濃いブラウンで、主張がありつつも落ち着いた印象に。

POINT 3

重ね塗りをしてはっきりと色を出す。ぼかしの幅はできるだけ狭く。

ただし、見た目もツンツン、中身もツンツンではただのとっつきづらい人。ちょっとドジだったり、思いのほか優しかったりと、ギャップをチラ見せしましょう。そういう意味で、この眉は上級テクニック。「かまれるかと思ってどきどきして近づいたら、猫みたいにぺろっとなめられた」なんて、いいですね。

＼ ワガママ言っちゃおう! ／

ツンツンしても許される美女の眉

- まっすぐから眉山を意識したはっきり細眉に
- ベースはダークブラウン
- 眉の色はややはっきりと

「色気」＋「仕事ができる」の最強タッグ!

POINT 1　眉が長いとドラマティックな印象になる。

POINT 2　しっかりした眉山は自分の意見がありそうに見える。

POINT 3　「ぼかし」がポイント。ぼかすと優しさが出て、ただの仕事ばりばりのキャリアウーマンで終わらない。

この眉の反対は…

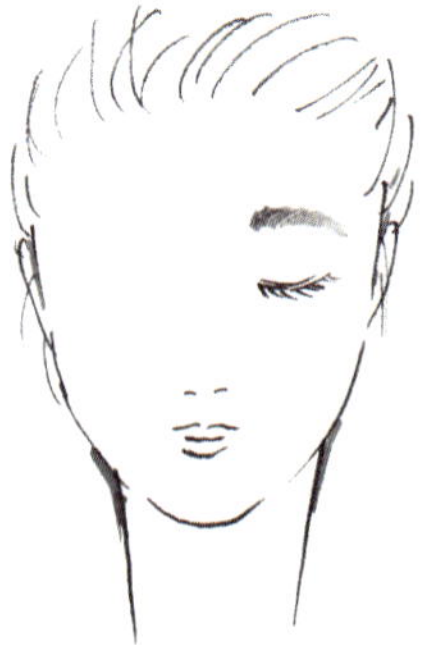

＼不幸の色気!／

耐える女の眉

- 眉山はつくらない
- 影はうすめ、しかし太め
- 眉尻に向かってボカす
- 終わる地点をやや下げる

\ すべての男のアコガレ! /

セクシー有能秘書の眉

- 少しだけ長く、はっきりした形をつくること
- 眉山はしっかりつくって眉尻まで同じ太さで
- ダークグレーで深い印象を出す
- 眉の輪郭と眉頭はぼかす

ないところに眉はつくらない。
表情とズレて変に見える

Photo: Jem Mitchell
VOGUE JAPAN2015年1月号別冊付録
©2015 Condé Nast Japan
All Rights Reserved.

BASE MAKE-UP

ベースメイク

「キレイな素肌」を見せるのがベースメイクの目的です。
だから、厚塗りは何よりの敵。
シミやクマなど消したい部分は、
少し薄くしてアクセントとして
放っておくくらいの度量が必要です。
大人の女の判断力と度量が試されるのが、
ベースメイクなのです。

BASE MAKE-UP

目標は、まるでスッピンなのに色気を感じさせる「寝起きの肌」

「生まれつき美人に見せる」基本の肌づくりは何といってもツヤ肌です。**目指すべきは、朝会ったときに「この子寝起きかな!?」とその無防備さでドキドキさせる肌。**まるでスッピンだと思わせることはもちろん、色気を感じさせるのがツヤ肌です。「無防備」というのは、大きな武器。「オレだけが知っているこの子の色気……」とキュンとさせる感じを、だいたいの人に錯覚させることができます。僕はこのしたたかな肌感を疑似皮ふと呼んでいます。この疑似皮ふベースメイクをマスターしましょう。

なによりも必要なのは、第1章でお伝えしたクリームやオイルでの保湿。そう、ツヤ肌はスキンケアからつながっています。

僕のベースメイクでは、必ずクリームを使います。**ファンデーションを塗る前には、必ず「クリーム」を塗りましょう。**順番としては、クリーム（保湿だけでなくツヤ調整のため）→日焼け止め→ファンデーションです。

ここでいちばん大切なのは「ファンデーション」です。パウダーが人間らしく見えなくする、というのはすでに言いましたが、リキッドファンデーションも乾きます。自然なツヤ感に仕上げるためには、オイルベースのファンデーションを選びましょう。水分がゼロでオイルが多く配合されているファンデーションというものがありますので、成分を見て確認してください。

クリームだけでファンデーションがちゃんとのるのか不安だという人もいるかもしれませんが、このオイルベースのものなら心配いりません。ファンデーションが上手にのらないのは、肌表面に乾いているところと、油っぽいところが混在しているからです。オイルベースのファンデーションはその油分により、皮脂のように肌表面に薄《うす》膜《まく》でなじむので、**肌表面の保湿がしっとりできていれば、そんなことにはなりません。**

もしすっぴん肌がキレイであれば、ファンデーションは塗らなくてもよいでしょう。その場合は、洗顔後、乳液で保湿をして整えたらクリームでツヤを演出、そして気になるときは日焼け止めを軽く塗ったらおしまいです。

BASE MAKE-UP

オイルベースのファンデがしみやしわを防ぐ

何度も言いますが、ファンデーションは、オイルベースのものが絶対におすすめです。このオイルベースのファンデーションを、もっと詳しく説明すると、水分が入っておらず、ほとんどがオイルでできている「ソリッドファンデーション」と呼ばれるもののことです。水分の割合が多いリキッドファンデーションとは違います。

肌表面にとって、メイクをのせている日中の12時間は無視できない長さです。夜に「保湿、保湿」とよく言われますが、どうして昼は言わないのでしょうか。それは、メイクをする昼に、保湿はムリなものだとみんなが思っているからです。

日中、パウダーやリキッドなどのファンデーションをつけていたら、その粉の部分

が油分を吸い込んでしまい、肌をパサパサにしています。リキッドも水分が蒸発したあとは、肌の上で固まるので、そこから油分を吸い込みます。そうなると、肌はどんどん涸《か》れていくのです。決して昼は保湿をしなくていい訳ではありません。本来の肌というものは、メイクしない状態では、24時間皮脂を出し、肌を潤わせているものです。だから、昼間の時間こそあきらめてはいけません。そして、このオイルベースのファンデーションは誰もがムリだと思っている昼の保湿を叶えます。

パウダーの粉が油分を吸い込むと、化粧崩れやヨレの原因にもなります。乾いたところはしみやしわの元となり、化粧直しで、また上に同じものを重ねてしまうと、肌の老化を進めてしまいます。

一方で、オイルベースのファンデーションは肌表面を常に「濡れている」状態にできます。日中も、肌への負担や乾燥を防げるのです。オイルならではの自然なツヤも一日中キープするので、夜中まで寝起きのような肌を演出できます。僕の知っている女性は、「うっかり化粧を落とさないで寝ちゃった日も、このファンデーションだったらむしろスキンケアした日より調子がよかった」と言っていました。また、乾燥したなと思ったら、上からクリームを塗っても大丈夫です。**とにかく、肌表面を油分で覆い、乾燥させないということがキモです。**これらオイルベースのファンデーションは、肌表面の乾燥を防ぐだけでなく、何回重ね塗りをしたとしてもムラなくつき、ツヤのある「私、素肌がキレイでごめんなさいね」という肌に見せてくれます。

それでは、ファンデーションを塗っていきましょう。

ファンデーションは、「ポンポン塗り」で塗ります。オイルベースのファンデは、コンシーラー並みのカバー力を持っているので、うすく塗るので充分です。そして、この**「ポンポン塗り」はムラなく、うすく塗れる方法です。**

まず、**ファンデーションをスポンジの面全体に広く取ります。そして、肌にポンポンとスタンプのように薄く置いていくのがポンポン塗り。そうすると、一瞬でなじみます。**僕がおすすめするのは、三角形のスポンジ。あれだと、全体に均一に付く上に小回りがきくので、場所によって自由に厚みを変えることができます。

パウダーファンデーションだと2回、3回と重ねて塗るにつれ能面のようになって白く浮いていきますが、オイルベースだと肌と同一化するので厚みが目に見えません。

だから、肌トラブルなどの隠したい場所は、その度合いによってポンポンの回数を増やしていって、個別に対応しましょう。

また、小鼻や目の下など皮ふの柔らかい部分や、凹凸のある部分は、大きなスポンジよりブラシがおすすめです。肌を傷つけず、繊細につきます。ブラシはなるべく柔らかく、素材のいいものを選びましょう。


10年前、NYで、僕のメイクを見た他のメイクアップアーティストから「どうやったらそんな色っぽい肌をつくれるんだ」とよく言われていました。当時はパウダーでマットな肌が主流だったのです。僕は思うようなツヤが出せるものがなかったため、ヴァセリンを混ぜたりしてオイルファンデーションを自作していました。今、日本のファンデーションにいくつか、このツヤ肌ができるオイルファンデーションがあります。塗りムラも出ないし、そのまま重ねて化粧直しができる、まさに疑似皮ふです。

ツヤツヤはおすすめですが、それでも「少しテカリを抑えたい」という人は、その上からできるだけ粒子が粗いプレストパウダー（お粉）を使うといいでしょう。粒が粗いお粉は、光を拡散して肌を均質に見せる効果があります。また、つきすぎず、粉っぽくもなりません。

ちまたでは粉が細かいものがいいお粉だと思われがちですが、実際は肌にぴったり密着しすぎて乾燥をさせる上に、厚化粧に見える原因になります。粒が細かいからといってキメが細かく見えるわけではないのです。また、細かい粉は長い時間つけていると、色が白く浮き出てきてしまいます。

日中にスッピン感を出しつつ、素肌を育てる。オイルベースのファンデーションでオンもオフもばっちりお任せできます。日中の12時間をないがしろにすることで、将来しわしわになってしまうなんて怖いでしょう？　肌は24時間態勢で保湿し続けるべきということを、忘れないでください。

BASE MAKE-UP

どこまで厚化粧にするかVS どこまで肌トラブルを見せるかの戦いを制せよ

ベースメイクをするときは、つねに「隠したい部分」と「厚化粧」の戦いと言えます。くすみやしみ、クマなどを、「どこまで隠すか」。そして、それを塗ることによる厚化粧を「どこまで許すか」。このふたつのせめぎあいを客観的に確認しましょう。

特に、**消すことに集中してしまうと、厚化粧になることをつい忘れがちです。**厚化粧になるだけではなく、しみやしわを完璧に消すことは「ルール」でも言った通り、「ひとりで生きていける感」が出てしまいます。気をつけてください。

そのためには、鏡を寄りと引きで交互に見ることが大切です。

ニキビを完全に隠すためにファンデーションの重ね塗りをしたり、しみを完全に消すためにコンシーラーを塗りこむと、確実に厚化粧に見えます。「これ以上やると厚化粧になる」というラインを自分で客観的に把握しておかなければなりません。

しかし、それさえ押さえておけば、「生まれつき美人」の8割を制したも同然。そのためには、「少しクマを残した方がセクシーに見える」など、**ブスを美人の武器に持ち替える勇気を持ちましょう。**しわやたるみも同様です。

そうは言っても肌トラブルやしわやたるみを最初から100%受け入れることは、なかなかできないもの。自分の顔をしっかりと見て、「これは許されるトラブル?」とその度に考えられる女性が、結局は美人だと思います。厚塗りの能面か、すっぴんかの二者択一ではなく、「ここはちょっと厚塗り」だけど「ここは透け肌」、など繊細なバランスをとりましょう。

気になる箇所には、コンシーラーではなく、ファンデーションを少し厚く塗ります。しかし、どうしても、どうしても気になるのならコンシーラーを使いましょう。気になるポイントにコンシーラーをのせて、その周りをボカすだけです。そのとき、白いコンシーラーは使わないこと。しみなどの黒い部分に白が入るとグレーになり、肌の色が悪く見えます。

どこまでやれば素肌感を守れるのか、公正な裁判にかけていきましょう。

BASE MAKE-UP

ファンデはデコルテに色を合わす

ファンデーションを選ぶときは、デコルテ（首から胸元にかけてのライン）の色に合わせましょう。

なぜデコルテと合わせるのか。それは、**人がぱっと見の1秒で「厚化粧だな」と判断するのは、顔とデコルテの色が揃っていないときだから。**どちらかがやけに黒かったり白かったりすると、全体で見たとき明らかにメイクをした感が出てしまいます。

僕が最も「生まれつき美人」に見せるために重要視しているのは、顔と体の色が一致していることです。特に**デコルテは顔のすぐ下にあるので、色が違うとかなり目立ってしまいます。**

顔とデコルテのつながりがちぐはぐになってしまうのは、ファンデーションを選ぶときに手の甲や首と合わせるから。手や首で色を合わせる美容部員は、信じてはいけません。「デコルテは顔の一部」だと思いましょう。

よく、色白に憧れて自分の顔の色よりも明るいファンデーションを選ぶ人がいますが、それもじつは、デコルテの色と合っていればOK。ただし、デコルテより白い色にしたいのであれば、舞妓さんのように顔からデコルテ、首、腕、足まで全身を同じ色に揃えなければいけません。だから、美白を目指すのであれば、まずデコルテをケアすることが大切。デコルテ以上に白い色はつけられません。

欲を言えば服から出ている肌の色はすべて揃えたいところです。恐ろしいほどの美人オーラが出ます。しかしそれは難しいと思うので、せめて顔とデコルテは一体感のある肌に見せましょう。

COLUMN

肌は触れば触るほど美しくなる

ヒマさえあれば自分の顔や体を触りましょう。触れば触るほど美人になります。触ることで自分の状態を把握できるだけでなく、なんとお肌もつるつるになるからです。スキンケアやマッサージなどで、空いた時間に少しでも触りましょう。

自分の肌をまったく触っていない人の肌は、ターンオーバーがうまくいかず「取れるべき皮ふ」が肌に残っています。だから、美容に興味がなくて自分のお手入れをあまりしていない人は、顔も、ひじも、かかともザラザラしているもの。靴磨きと同じで、継続して磨くことでザラザラは必ず取れていきます。

ピーリングを家でやる人もいますが、クリームをたっぷりとつけてマッサージするだけで充分に摩擦《まさつ》が起こり、肌のターンオーバーの助けになります。ピーリングやスクラブなどは、肌全体を均一に摩擦することができず、乾燥の原因になるのであまりおすすめしません。

しかし皮が厚くなってしまった人にだけ、細かいスクラブをおすすめします。やりすぎは赤みが出てしまうので、ある程度つるつるになってきた人はクリームでただ優しくなでるだけのケアにとどめておきましょう。

肌への摩擦は嫌われていますが、皮ふは「壊れもの」ではありません。目や口の周りの皮ふは薄いので優しく扱わなければいけませんが、それ以外の箇所は「触る」ことの効果のほうが摩擦のダメージよりも大きいのです。

BLUSH

チーク

チークは、自分の体内の血色を見せる場所。
紅潮しているのか、柔らかく健康的なのかなど、
自在に操れるのです。
チークは眉と違って自由に選べます。
自分がいちばん魅力的になる場所に、
たまたま自然ににじみ出ちゃったように
ポンポン塗りで塗りましょう。

BLUSH

目指すは○○のアトの肌

幸せそうで、ちょっと恥ずかしそうで、高揚感がにじみ出ている色気――こんな肌をしている女性は無敵。そう、誰が何と言おうと、コトのアトの肌はものすごく魅力的なのです。男の本能を揺さぶるこの肌を、あなたの通常モードにしておきましょう。

この肌を目指すうえで鍵となるのが、チークです。つくりたいのはあくまで内側からにじみ出てきたような色。人工的なピンクな頬になるのは避けましょう。だから、チークは、「色を出そう」としてはダメ。**チークの色を見せるのではなく、色がにじみ出るようなつけ方がポイントです。**

そのポイントになるのが、「5分の2発色」。全力でチークをつけるのではなく、あくまでもじんわりと浮いて出ているように、5分の2しかつかない発色を心がけます。

つけ方は後で説明します。

じんわりと内側からにじみ出てきたような発色で連想させ、どきっとさせる。チークで罪なメイクを楽しみましょう。

BLUSH

「なんかわからないけど可愛いな」と言わせる謎チーク

僕のベースメイクとは、眉、ファンデーション、さらにチークまでを指します。チークまで塗って、ようやく「すっぴん風ベースメイク」は完成します。

色味を足すチークがベースメイクというと不思議な感じがするかもしれませんが、チークで演出するのは血色です。血色は、もともと人間に流れている血液の色が透けて見えるもの。まるで生まれつき顔色がいいような赤みをじんわり浮かび上がらせるためのものだから、チークまでが「自分の肌」というわけです。

疲れているからといって、全体を濃いピンクにしたり、おてもやんみたいな赤いチークをのせたりしたら、それはただの「厚化粧」に見えてしまいます。メイクをしていることをわざわざアピールするようなチークだけは避けましょう。

チークの質感は、ファンデーションと合わせましょう。これまで、完璧なツヤ肌のつくり方をマスターしましたが、その上に粉っぽいチークなんて言語道断。のせるのは、ツヤ感のあるチークに限ります。**ツヤ同士で自然につながっているように見えます。**粉っぽいパウダーだと、これまでさんざんお伝えしたとおり、油分を吸い取るので、そこだけクッキリと不自然な赤味になってしまいます。

ツヤ肌にツヤチークをのせたら、あとはチークの赤さを好みで決めます。ちょっと強い赤にして、デートのときに「熱あるんじゃないの？」と思わずおでこに手を伸ばされる、男心をくすぐるメイクだって可能です。目を惹く、無性に可愛い、でもなんでかわからない！　そんな女の子になれるのです。

BLUSH

至近距離で凝視されても「自分の肌です」と言える色になるのがポンポン塗り

つくりたいのは、自分を一番美しく見せられる頬の位置に、たまたま体の内側から、血色のよさがにじみ出ているという罪な状況です。

チークも、それでは、具体的にそんなチークを塗ってみましょう。

ファンデーションと同じようにポンポン塗りが基本です。

ポンポン塗ると、色が濃くつきすぎず、自分の意思で濃さの調節がしやすくなります。これが通常の発色の5分の2だけをつける「5分の2発色」。薄い色からつけていくのです。これを心がければ、内側からにじみ出たような色に簡単になります。

半分は自分が元々持っている色を透かし、もう半分はつけたい色をまとうことで、どんな色でも似合います。

初めは「ついてるのかな？」と不安になるかもしれませんが、それが「生まれつき美人に見える」メイクです。怖がらずに外に出てみましょう。きっとみんなのリアクションに驚くはずです。

チークはどこまでつけるかや、位置で印象が変わるので、必ず鏡を真正面において始めましょう。まず、スポンジに広めに色ムラなく、しっかりとチークをつけます。**スポンジに色ムラなくチークをつけられれば、肌にもムラが出ません。**そして、肌に負担をかけないように軽くポンポンおいていきます。

ポンポンする場所は、「ほお骨のライン、ほうれい線の少し上、あご骨の少し内側のラインを結んだ広めの三角形」。まず、この3本の線をイメージしながらスポンジでポンポンポンおいていき、じんわりとラインをつけます。

3本のラインがうっすら見えてきたら、その内側を埋めるようにしてまたスポンジにチークを含ませてポンポン。三角形の内側をムラなく均一に塗って外側に向かうにつれ薄くすると、より本物の血色のように見えます。

つけすぎたときや肌との境界をぼかしたいときは、ファンデーションをアウトラインのところでポンポンして調整します。オイルベースのものなら、厚化粧に見えることなく色味も自由自在です。

このつけ方をマスターしたら、本当に自分の肌のようになるので、誰かに5センチの距離で見られても安心。自信を持って誰とでも対峙《たいじ》できます。至近距離でも「あなたがいるから上気してます」というような顔をすることができる。まさに「生き物」であることを印象づけるチークで、ドキッとさせましょう。

「だってモトモト血色がいいから……」
という罪なチークの塗り方

広めに塗るから、
いくら接近されても
元々の肌のように見える!

POINT

ほお骨のラインとほうれい線の少し上、あごの少し内側のラインを結んだ三角形に、チークをポンポン塗りでのせる

BLUSH

チークを変えるだけで、「初々しいポッ」から「色気最高潮」までたくさんの顔を持てる

それでは、ここからは色の選び方です。眉はあなたのパーソナリティを決めるけれど、そんなに調整できないものだとしたら、チークは選ぶ色であなたの雰囲気をがらっと変えるアイテム。その日の気分で自分の印象を着替えることができるのは、チークだけです。チークを変えるだけで、たくさんの顔を持つ女になれます。

赤は血の色。チークは血行を表すものなので、青や紫など血の色としてあり得ない色でなければ、「似合わない色」などはありません。

チークで雰囲気自由自在！

赤みが強い赤

色気最高潮

ピンク

**守ってあげたい
と思わせる**

深いピンク

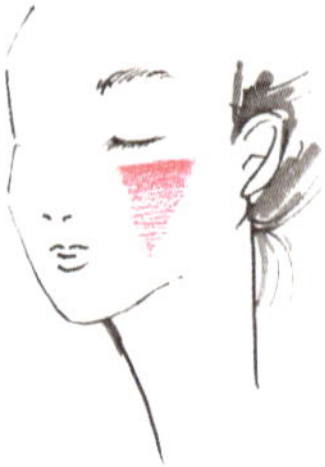

**場の中心に
いたい日に**

ベージュ

**すっぴん風
なのに美人**

ピーチ

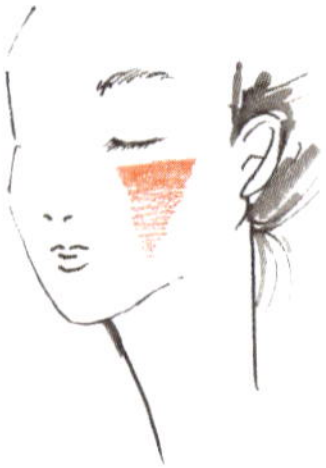

癒し系

柔らかいピーチ

**無邪気で
イノセント**

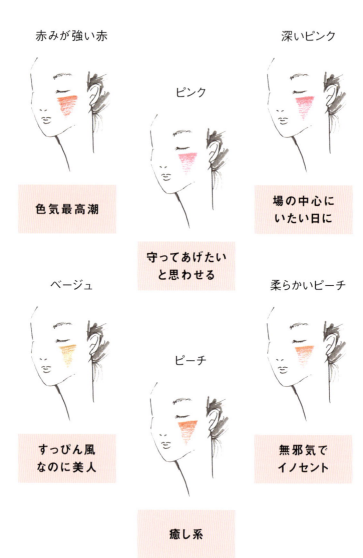

持っておくべきチークの基本色は、赤とピンクとピーチ。ピンクとピーチの違いを説明します。ピンクは赤に青みを足したもので、ピーチはそのピンクに黄色味が混ざっていること。青はコントラストをつけるので、ピンクをつけると肌の白さを引き立て、華やかな印象にします。その点、ピーチの黄味は肌の色と同化するので、肌を際立たせはしませんが、そこに入っている赤や青の色を無理なくなじませるので、優しい雰囲気をつくれます。

例えば、「仕事ができる風」の雰囲気を出したい場合、何色のチークがいいでしょうか？　その日の自分の仕事を想像しながら、「信頼感や前向きな気持ちを表現するためには何色がいいかな？」と考えます。すると、「今日はハードな現場だから、みんなのために優しそうなピーチで癒し系になろう」とか、「初めての取引先に会う日だから、誠実そうだけど意欲があるように見えるように、赤味のあるベージュで抑えてみよう」など、その日のチークの色が決まっていくわけです。

初恋のようなピュアさを演出したいなら柔らかいピーチをより広めに。色気を演出したいなら紅潮の赤を。

すっぴんも可愛いと思わせたいお泊まりの日は、ベージュ系で。

……と、自由自在に演じられるのがチークの楽しいところ。

繰り返しますが、チークは色をつけるためのものでなく、色の持つ雰囲気を身にまとうためのものです。

何か似合わない色があると感じるのであれば、それは色が濃すぎるから。そんなときでも、ポンポン塗りをすれば大丈夫です。どんな色でも、控えめに色をのせれば必ずなじみます。**まず薄くつけてみること。**これは鉄則です。

チークは特に、どんな色もあなたの色。**すべての色があなたの味方です。**チークを使いこなして、色んな顔を楽しみましょう。

BLUSH

チークをのばすとやせてみえる

チークは三角形に塗るのが基本ですが、より高みを目指すなら、顔の形によって塗り方を少し変えましょう。そうすると、目の錯覚を活かして輪郭の補整ができます。

まず、丸顔の人は、**奥行きを意識してほんの少しだけ三角形を後ろの方まで広げましょう。耳の少し前まで伸ばすイメージです。**こうするとぐっと輪郭が締まります。奥まで色を入れると、正面から見たときに、奥の方の色が濃く見えます。色が濃く入ると、影に見えるので、輪郭もシュッとシャープに見えます。

ただし、やりすぎると一気に化粧が濃く見えるので、鏡を正面にしてバランスを見ながら調整してください。

また、笑ったときにいちばん盛り上がるところを中心に、狭い範囲でポンポン塗ってしまうと、丸の形がより強調されるのでNGです。

逆に、**面長の人は笑ったときにいちばん出てくる部分を中心にふっくらと広く色を入れ、サイドは軽くのせる程度にとどめましょう。**奥にまでは色を入れないように。ふっくらと広く色を入れることで、骨ばった印象が薄くなり優しい雰囲気になります。

チークの位置を変えると、体型までスレンダーに見えたり、ふっくら幸せに見えたりします。試してみてください。

丸顔がほっそり見えるチーク

骨格に関係なく
やせて見せたいときも!

三角形を後ろの方まで広げる。
奥に色が入ると輪郭もシュッとシャープに。

面長がふっくら見えるチーク

優しい雰囲気になる

笑ったときにいちばん出てくる部分にふっくら広く色を入れる。サイドは軽くのせる程度に。

COLUMN

たまには太陽にあたる

白い肌が礼賛《らいさん》されているからと言って、紫外線を諸悪の根源のように毛嫌いする必要はありません。

しみの原因には女性ホルモンだってあるのです。紫外線がただひとつの害悪ではありません。そもそも紫外線だけが悪者ではないのに、そこまで神経質になる必要があるのかは疑問です。海外のモデルは、肌の調子が良くないときにあえて太陽の光を浴びたりします。

もちろん黒く焼けるほどではありませんが、彼女たちに言わせれば、日光は「顔のくすみを取るためにときどき必要なもの」ということです。太陽の光も、健康的な美しい肌には必要不可欠なものです。生理の一週間前など、女性ホルモンの周期の中でしみができやすい時期以外は、たまに太陽にあたってみてください。

メイクの観点から言っても、雪のように白い肌でも小麦色の肌でも、顔とデコルテの色が揃ってさえいれば美しく見えるもの。たとえば、サーフィンが好きなら美白とサーフィンを天秤《てんびん》にかけて、「しみが出てきたらメイクで薄くすればいい」と考えるのも、素敵なことではないでしょうか。

色んなことを人任せで決めてしまうと、肌は白かったけれどつまらない人生で終わったりします。美容の常識でマルとされていることが、あなたの肌にとってはバツだったりすることはあります。自分の人生に何が大切なのか、周りに惑わされずに問いかけてみてください。

左右のメイクが違っても気にしない。
誰も気づかないから

EYES

アイメイク

目はセクシーな場所です。
体の内側を感じさせる粘膜と、
眼球という大切なものを守っているという
ミステリアス感。
そのセクシーな場所に、
ツヤを足さなくて何を足すのでしょうか。
また、黒目を際立たせるアイメイクも
マスターしましょう。

EYES

アイメイクの役割は「黒目」を目立たせることと「まぶた」を魅力的に見せること

アイメイクをする意味とは何でしょう?

その目的はふたつあります。ひとつは、**黒目の存在感を引き立たせること。もうひとつは、伏し目になったときのまぶたを美しく見せること**です。まぶたの美しさについては後ほど書きます。ここでは、「黒目の存在感」のためのアイメイクについてお話しします。

「アイライン」と「目のキワに塗る方のアイシャドウ」は、「目の輪郭を強調する」ために存在します。「目力」とは、ずばり「黒目」を魅力的に見せることです。そしてそのために「目の輪郭を強調する」と黒目が際立って見えるのです。それを、自然にさりげなく行うために存在するのが、アイシャドウであり、アイラインなのです。

EYES

アイシャドウを黒目の外側に、一カ所濃く入れると目が大きくなる

「目を大きく見せる」ことが魅力的なのではなく、「黒目を引き立たせる」ことが美しく見える秘訣。もの足りなく思うかもしれませんが、この真理は覚えておいて損はないでしょう。

カラーコンタクトレンズも、少し不自然ですが、黒目のサイズを大きく際立てていますね。**すべてのアイメイクは黒目に通じているのです。**

ですので、アイラインをきっちり黒々と塗ったり、目のキワのアイシャドウにべったり色をいれたりしてはいけません。メイクが黒目よりも目立ってしまい、逆に、黒目を小さく見せてしまうからです。この章では、さりげないのに決定的に黒目を印象づけるアイシャドウとアイラインのテクニックをお教えします。

目には一カ所、ここにアイシャドウを濃く置くと必ず目がキレイに大きく見えるというところがあります。それは、「上まぶたの黒目のやや外側」（121ページのイラスト参照）。

ここにアイシャドウを他より濃く入れる、もしくはここを強調してアイラインを入れるのが、大きな黒目をキレイにつくるポイントです。

不自然極まりないけれど、目尻にコッテリと切れ長にアイシャドウやアイラインを入れると、目はかなり大きく見えます。歌舞伎のメイクなどがそうですね。これを応用した形です。

アイシャドウもアイラインも黒目のやや外側に濃く入れることで、そんな目尻メイクに近い効果を出しつつ、より自然に黒目を強調することができます。目尻に向かってだんだんボカしていき、さりげなくなじませましょう。

ちなみに、**目の下のアイラインを黒目の外側の根元に濃くつければ、大きなたれ目になり、一気に可愛い印象になります。**しかし、間違えて黒目の真下に入れてしまうとブルドッグのようにたるんで見えたり、内側に入れるととぼけた顔になってしまうので位置には要注意。

つけまつげをするときも、これと同じように心がけること。黒目の外側のまつげがいちばん長くなるように、自分でカットしましょう。アニメのキャラクターのように目尻に向かって長くなるつけまつげをつけると、下手にまつげばかりが目立ってしまいます。そうではなく、黒目の外側の部分をいちばん長くし、そこから目尻に向かってだんだんと短くすることで、自分のまつげのように自然に「目尻の切れ長効果」を出すことができるのです。

つけまつげをカットするときには、毛流れにクロスするようにタテにはさみを入れます。そうするとつけたときに自然に見えます。

アイメイクのゴールデンポイントは黒目の外側。これは、アイシャドウ、アイライン、マスカラ、そしてまぶたの上でも下でも、すべて同じです。

黒目の外側を濃くすると目が大きく見える

上まぶたを濃くすると
大きな目に

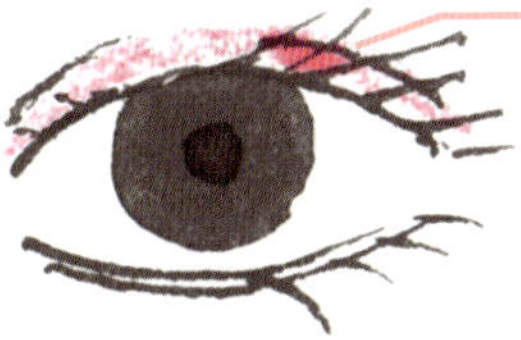

下まぶたを濃くすると
大きなたれ目に見えて
ぐっとガーリーに

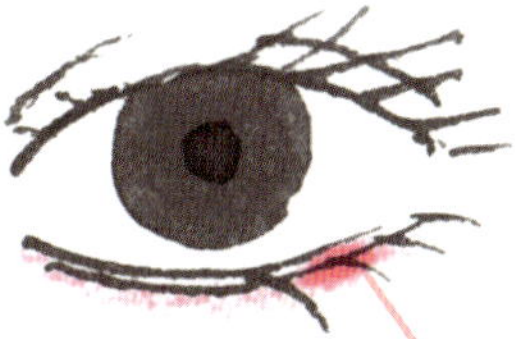

このあたりを
濃くする

つけまつげも
黒目の外側が長くなるように
だんだんとカットすると自然に見える

EYES

ビューラーで1回あげがまつげを長くする

黒目を大きく見せるためのビューラーの使い方は、「根本を1回だけきゅっとあげること」。何段階にも分けてあげると、くるんとカールができてしまい、その分まつげが短く見えてしまいます。**長く見せたいなら、一度でしっかりあげましょう。**ただ、「今日はカールでいきたいの」という日は何回かに分けてあげてもいいでしょう。

また、まつ毛が長くて、上げるとびっくりした顔になる人も、何回かカールさせるとよいでしょう。

まつげは目力に直結するので、ビューラーにもこだわりたいところです。目尻のまつげまで、根本からがっちりあがるものが理想です。僕がおすすめするのは、幅が1センチほどの短いもの。まつげを、右、中、左と3パートくらいに分けてはさみます。

EYES

マスカラは「長さ」ではなく「根本の黒さ」が重要

ビューラーでまつげをあげたら、そのあとはマスカラです。マスカラには大きな使命があります。それは根本。根本は厚めに黒々と塗ることが一番大事です。そうすることで、**アイラインと同じ効果が出て、しかも誰も気づかないほどのさりげなさで、黒目の印象を強くできます。**こういう小さなポイントが積み重なって「何だかわからないけど、あの人美人」が完成します。すべての美しさには理由があるのです。

マスカラの種類で、僕のいちばんのおすすめは、ファイバーが入っていないもの。ファイバーが不自然にのると、メイクした感じがでてしまいます。僕はまつげの長さにはそんなにこだわりません。それよりも、**細ブラシを基準に選んでください。**根本にキレイにつきます。

ファイバーを上にのせて長さを出しすぎるのは、「まつげ短いコンプレックス」の表れ。そんなに長く見せても、美しさとは関係ありません。目の上の方にまで「太いアイライン」を入れているのと同じことで、不自然に見えてしまいます。**まつげで真にこだわるべきは長さよりも根本なのです。**

また、まつげがダマになるのも、作り物っぽく見えますので、丁寧に塗りましょう。


基本的に、下まつげはマスカラを塗らなくてもOKです。というのは、下まつげが長くなりすぎると、「目から毛が直接生えている」ようになって、やはり不自然な顔に見えるからです。

しかし、**可愛いたれ目に見せたいときは黒目の外側の、下まつげの根本にだけ塗りましょう。**「優しい可愛い女の子の雰囲気を出したい」ときに下まつげは大きな威力を見せます。

塗るのは、少しで充分です。黒色が濃くなって目の輪郭がはっきりするだけでOK。目的は長さを出すことではなく、目の印象をさりげなく大きなたれ目っぽくすることですから。下まつげを塗るときも、ボリュームが出すぎない、ファイバーなしのものをチョイスします。そして、毛先にはなるべくつけないように気をつけましょう。

EYES

まつげの根本を「埋める」と黒目の魅力が増す

もちろんアイラインも、黒目を大きく見せるためにするものです。いちばん覚えていてほしいのが、アイラインは「ラインを引く」のではなく、**まつげの根本を「埋める」ように使ってほしい**ということ。目の周りに線があるのは不自然ですが、まつげの根本を埋めるのは、マスカラを根本にたっぷりとつけるのと同じく、**目の輪郭を強調する効果があります。**

アイラインを太く入れてしまうと、そこが強調されてしまい、逆に黒目が小さく見えてしまいます。**まつげの根本を自然に埋めるのが本当の役割です。**

また、毛と毛の間に黒を入れることで、まつげの量が何倍にも見えるという特典もつきます。アイラインはできるだけ細く、点を描くように意識しましょう。

アイライナーは、ウォータープルーフのものを使ってください。涙などの水分が近くにあるので、にじみやすくなってしまうためです。ウォータープルーフには、ウォーターベースのものとオイルベースのものと両方ありますが、どちらでも構いません。

EYES

バームを塗ると、思わずキスしたくなるまぶたになる

伏し目が美しい人って、無条件で美女だと思いませんか？　そして、伏し目の美しさは、実は簡単に手に入るのです。今すぐ実行してください。

それは、**まぶたにツヤを出すこと。**いちばん簡単な方法は、いますぐ、クリームでも、リップバームでもなんでも塗ることです。まぶたにツヤが見えれば、伏し目は美

しく見えます。

まぶたは、顔の中でセクシー担当です。まず、**まばたきをすればしわが入るほど、皮ふが薄くてやわらかく、その裏にある粘膜を感じさせます。それに、眼球の立体感があり、「大事なものを守っている」というミステリアスかつ、プライバシー感。**

唇も皮ふが薄くすぐしわができ、粘膜を感じさせる繊細な色気パーツですが、唇と同等にまぶたも大切に扱いたいところです。

そんなまぶたに必要なのは、色よりもツヤ。ツヤは粘膜を思い起こさせます。まぶたのツヤは、生物としての色気を最もかもし出すのです。

目を閉じたときにツヤのあるまぶたをのぞかせましょう。まばたきをしない人間なんていません。自分で思っているよりも、伏し目になっている時間は長く、他人はよくそれを見ているものです。色をのせるときも、まぶたにツヤはあるかをよくチェックし、この色はツヤを引き立てているかということを第一に考えましょう。

僕はこのツヤのあるまぶたを「男にキスさせたくなるまぶた」と呼んでいます。子どもが、思わず美しいものを触ってしまうような感じで、本能的にキスしたくなるまぶた。このまぶたを手に入れると、傍目《はため》には「謎のセクシーさ」として映るでしょう。しかし、セクシーな人のまぶたには、必ずツヤがあるはずです。

まぶたは色気を出す場所だからこそ、手を抜いてはいけません。**伏し目は、本人が決して見られないスキのある瞬間ですが、それが美しいだけで美人度はうなぎのぼりに上がります。**

たとえば、数多《あまた》いる「うるうる女子アナ」たちの中で、滝川クリステルの立ち位置だけは違います。彼女だけが、なぜか特別に扱われるのは、ひとりだけ違う武器で戦っているから。全員が黒目の大きさを競っている中、彼女はまぶたの美しさで勝負しています。

「黒目の大きさ」と「まぶた」には同じ重みがあります。なのに、まだ気づいている人は少ない。まぶたの印象はものすごく強い。一目で相手を釘付けにし、オトすときの最強の武器でもあります。

EYES

二重まぶただけが「絶対に可愛い」時代は終わった

二重まぶたは「可愛い女の子」の代名詞。でも、本当に二重まぶたというのは絶対なのでしょうか。僕は、二重というのは、重要視していません。二重はたしかに目をあけたときにまぶたがハッキリ見えるので、メイク映えがしやすいです。目が大きく見えることで、「可愛い」雰囲気が出るかもしれませんが、一重は一重で、切れ長でセクシー、知的な雰囲気があります。また、もし一重の人が、二重をつくるテープなどで二重にしても、表情とズレて不自然になってしまい、可愛さも吹き飛んでしまいます。それぞれ、雰囲気の違う良さがあるので、自分の持って生まれたまぶたを大事にしてください。

一重の人（奥二重の人も）がキレイに見えるためには、切れ長の目を美しく見せるために、目のアウトラインを上手に強調することです。そのためには、アイシャドウは深くのせないように気をつけましょう。目をあけたときにまぶたが見えなくなるのが一重の人の特徴です。ですので、目をあけたときに、その目のキワにアイシャドウがうっすらのっているように見えるのがベスト。

メイクは目を閉じた状態でするので、そのキワがどこか分かりづらいと思います。そんなときは、目をあけたときにキワになる部分に、先にアイシャドウで印をつけておくといいでしょう。

また、アイラインには気をつけてください。ばっちり黒く太めに入れてしまうと、一重の人は、目がかなり小さく見えてしまいます。くれぐれも前の項でいった、**「まつげの根本を埋めること」にこだわるのが鉄則です。**

二重の人が気をつけるべきなのは、ずばり「やりすぎ」です。メイク映えがするからといって、どんどんやっていると、つい面白くなってやりすぎてしまいます。

大切なのは、ノーメイクで自分がどれだけの目力を持っているか確認すること。そして、必要な分だけを足してください。やりすぎてしまって「怖い顔」になるのは二重の人の方が多いです。

また、色気のあるまぶたをつくるうえで避けてほしいのは、先程も言った二重をつくるテープです。

化粧のことをよく知らない男側から見たら、セロハンテープがまぶたにひっついているようなもの。それを見てしまった男の衝撃を考えるなら、一重を活かしたメイクで、自然な美しさの自分で勝負することをおすすめします。

つけまつげをするときも、のりが見えていたり、何回も使って汚くなっているのはダメです。アイシャドウが粉っぽく見えるのも同じく絶対NG。**余計なものをつければつけるほど、まぶたの方の魅力はなくなってしまいます。**つけまつげのような飛び道具は、本当に自然に見えるように完璧に使いましょう。接近戦では諸刃の剣です。

EYES

色素沈着のない人間はつまらない

先ほどまぶたの話をしましたが、ここではアイシャドウのポイントをくわしく見ていきましょう。それを考えるカギはまぶたの色素沈着にあります。

あなたのまぶたには色素沈着はありますか？　ある人はラッキーです。その部分にバームやクリームを塗りこむだけで、まるでアイシャドウを塗ったような自然な立体感が出てきます。生まれつきのアイシャドウを持っているともいえます。たまに色素沈着をくすみと呼んで目の敵にし、コンシーラーで躍起《やっき》になって消してからアイシャドウを塗る人がいますが、不自然になるだけです。いつもアイシャドウを塗っているところなのに、どうして消す必要があるのでしょうか。

たとえばそこに、ラメを足すと、キラキラ華やかな雰囲気を全体にまとえますし、パールを塗ると、立体感がでる上に目の雰囲気が明るくなります。薄いピンクや、茶色などを透けるように足してもいいでしょう。**ツヤを出すだけで色気になる色素沈着は、味方にしてしまいましょう。**

色素沈着は、自然なものです。そして、アイシャドウも、まるで色素沈着のように入れること。そうすれば自然に見えます。

年をとれば、誰でもまぶたの色素沈着は起こります。全身どこを見てもくすみのない人間なんてつまりません。そんな人間は、人としての深みが無いと言ってもいいくらいです。若さゆえの根拠のない自信より、自分に起こっていることを見据え、覚悟をもって自分と向き合っている人のほうが美しいものです。

EYES

あなたのまとう雰囲気はアイホールの色が決める

アイホールのシャドウは、あなたの全体の雰囲気をつくります。「セクシーな目元」や「優しい目元」などとよく言われますが、**「目元」の印象は全体の雰囲気を決定づけるのです。**ですので、アイホールにおく色は、自分の醸《かも》し出したい雰囲気で決めてみてください。

たとえば、自分に落ち着いた大人のセクシーさをプラスしたいなら、アイホールにブラウンやグレーなどのアイカラーをのせます。ミステリアスな雰囲気を出したいならパープルのアイカラーを。

もちろん、しっかりと色をのせるのではなく、もともと**「自然にこの色だった」というように、まるで色素沈着のように、ツヤ肌から続けて、薄めから重ねていくこと。**下をしっかりクリームで保湿してツヤ肌にしていると、そう見えます。

塗るときに、チップではなくやわらかいブラシでのせるのもコツ。自然にまぶたに溶け込みます。

僕は、アイカラーの代わりにリップスティックを塗るときもあります。ほんのりと色のついた自然なツヤが生まれます。

また、ほんの少しパールを入れると、目元が明るくなり、ハイライト効果が出て立体感が出ます。眼球の立体感を感じさせられるわけです。強い色が入らないパールのツヤキラまぶたは魅力的。

思わず視線が吸いついてしまうようなアイホールになります。

アイホール全体の色は
その人の雰囲気を決定づける

赤やボルドー

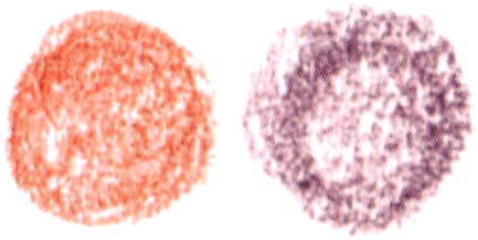

情熱

オレンジ

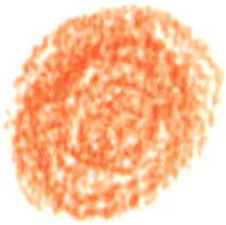

元気

パープル

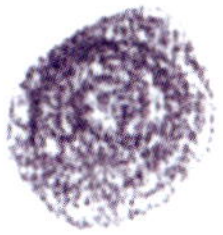

ミステリアス

ピンク

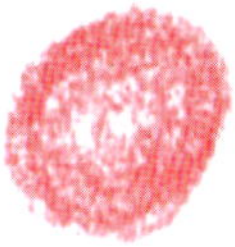

優しい

青

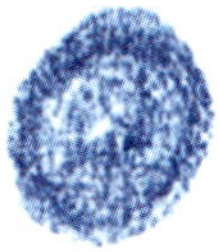

クール

黒

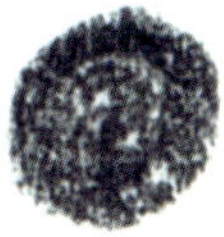

**シリアスで
モード**

ブラウン・グレー

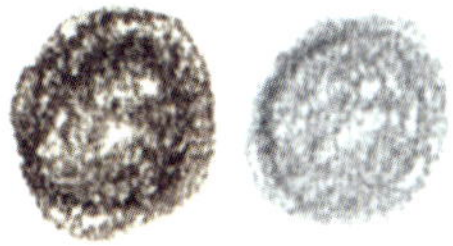

大人のセクシー

EYES

目のキワのアイシャドウは、アイホールの色とつながる色にする

目のキワのアイシャドウの主な役割は、先述した通り、「目の輪郭を強めるため」です。アイラインと違うのは、くっきりではなく、ぼかして入れること。こうすると優しい雰囲気になります。

色を選ぶときは、アイホールの色と自然につながる色にすること。グラデーションになるようにしましょう。そうすることで、ラインの効果を自然にアイホールの雰囲気につなげることができ、不自然ではない美しさが完成します。

メイクの色はすべて足し算で考えられますから、アイホールの色プラス目のキワの色を足した雰囲気があなたのものになると考えます。パープルのアイホールでミステ

リアスさを出したら、キワの方の色はピンクにすると、「ミステリアスかつ優しい」という女性になれるのです。

色をのせるときは、こちらもチップではなくブラシがおすすめ。アイホールの色やツヤとつながるように意識しながらのせましょう。
目のキワのアイシャドウも、ツヤは大事です。粉っぽさが目立ったりしないようにとけこませましょう。

涙袋にピンクのシャドウを塗ると最高に可愛く見えます。たとえば、泣きそうなとき、目の周りが赤くなりますよね。この「今にも泣きそうな感じ」を味方にしましょう。

ここでは、「見た瞬間放っておけなくなるメイク」を自分のものにしてみましょう。涙袋にほんのちょっとだけ赤味のあるピンクのシャドウを入れ、今にも泣き出しそうなうるうる顔にして、「守ってあげたい！」という気持ちをくすぐるメイクです。

それでは、実際につくっていきます。泣くときにじわっと浮き出る目元の赤みは皮ふの下の血の色。涙袋にもチークと同じくうっすらと皮膚から透ける、この血の色を再現します。ここでは、赤味のあるチークをつけ、それをそのまま涙袋にもつけてみましょう。同じ色を塗ることで、顔全体の統一感も出ます。

涙袋全体に、目の外側に向かってポンポンとのせていき、定番の黒目の少し外側、アーモンド型のいちばんふくらんでいるところを少しだけ重ねて濃くします。

ただし、再現したいのはあくまで泣いた後ではなく、今にも泣きそうなうるうる目。ほんのりとした血の色を再現するわけですから、つけているかどうかわからないくらい、少しずつのせていきましょう。一度につけすぎず、ポンポンとのせたら全体を見て、厚塗りの舞台化粧になっていないかチェックしながら付け足します。

この、「守ってあげたい」メイクは78ページの女子アナ眉と一緒に使ってもいいでしょう。

＼ 今にも泣き出しそうな顔は ／

涙袋にピンクのシャドウでつくる

チークと涙袋は
涙袋の黒目の外側に
ピンクのシャドウを

アメリカのお嬢様って可愛いですよね。
ワガママで、買い物やパーティが大好きで、「この子もの凄く甘やかされて育てられちゃったんだろうな」というセレブの女の子。アイメイクで、一日そんなセレブになって楽しんでみましょう。

まず、バームやクリームでつやつやにしたアイホールに、ピンクのアイシャドウを広く薄く塗ります。ピンクの持つ可愛らしい雰囲気をまといましょう。
その後、まぶたのきわにゴールドのアイシャドウを置きます。やはり黒目の外側のポイントには厚めに塗りましょう。

ゴールドの持つ高貴なイメージを、アイホールの可愛らしさにプラスするのです。そうすることで、まさにセレブ風になるわけです。

＼ピンク＋ゴールドのシャドウで／

テイラースィフト風
セレブお嬢様の顔になる

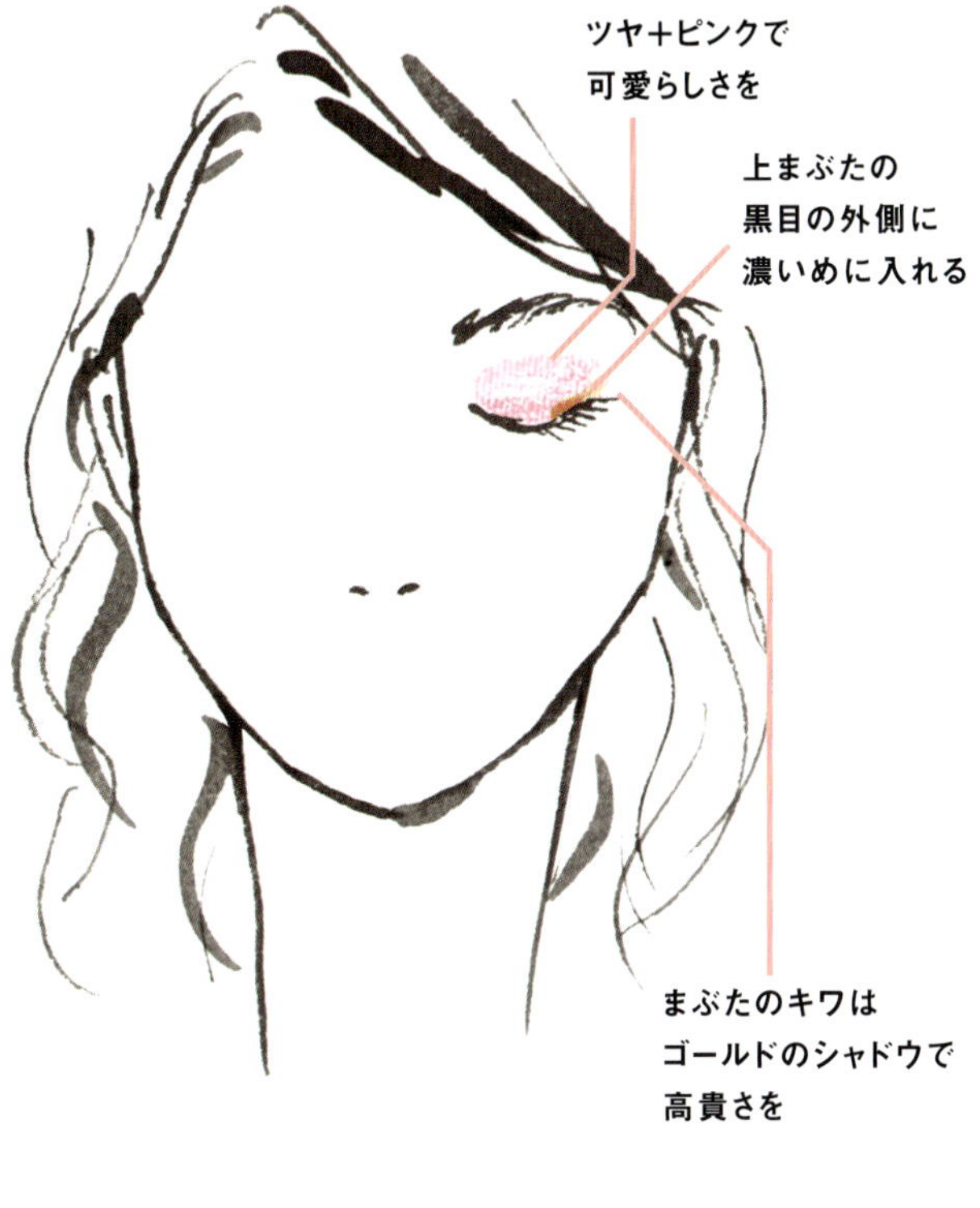
アイホールは
ツヤ＋ピンクで
可愛らしさを
上まぶたの
黒目の外側に
濃いめに入れる
まぶたのキワは
ゴールドのシャドウで
高貴さを

COLUMN

メイクを儀式にしない

アイホールの色とは関係なさそうなくっきりした色のアイシャドーを目のキワに塗っていたり、パウダーのファンデーションでしっかり肌をつくっている女性をたまに見ます。男性のスーツとネクタイのように、メイクもとりあえずやっています、という雰囲気です。

メイクは、諸刃の剣となり、自分をとんでもなくブスに見せてしまうこともあります。家を出るための毎朝の儀式になってしまってはもったいない。決まった手順で決まった色を塗り、何も考えずに家から出る、というのはいちばん危険です。

昔覚えたメイクをずっと続けている人にも同じことが起こっています。メイクの流行が変わるから、ではありません。あなたの顔が変わっているからです。昔「これが似合う」と思ったメイクをそのまま続けてしまっている。いつも同じ髪型の人も同じです。頑なさは、ブスの始まりです。

他にも、仕事だからと言って、いつも抑え目なメイクをするのもムダなことです。仕事のために毎日同じ顔になっているなんて、アイデンティティの喪失です。それで仕事の評価が決定的に左右されるということもないはずです。

その日会う人も、シチュエーションも、天気も、体も、生活も変わり続けています。メイクも毎日考えて、楽しんで、変化させる。そうして初めて美人になれるのです。

まぶたと唇は存在がセクシー。
セクシーな場所には必ずツヤを

LIPS

唇

セクシーな唇には、いつもツヤがあるべき。
リップクリームやバームでつやつやにしておくだけで
美人は8割型完成しています。
その上から口紅を自分の元々の色となじませるように
5分の2発色で塗りましょう。
そうすると「私の唇はもともとこの色だった」
という色になります。

LIPS

唇はセクシー担当。だから、いつも濡らしておくこと

まぶたの項でも言いましたが、唇は、誰が何と言おうとセクシー担当です。そこが、その人の体の内部を感じさせるからです。柔らかく、しかもそこだけ違う色がついている。唇は色気を感じさせるパーツです。

唇が最高に美しく見えるのは、立体感と濡れ感があるとき。そのためここでいちばん必要なのは、やはりツヤです。ツヤがあると濡れた感じはもちろん、立体感も出ます。こうすると、生まれつき唇が濡れているように見えます。

口紅を塗る前には、必ず先にリップクリームやバームを塗りましょう。そうやって充分に柔らかくしてから口紅を塗るだけで、ツヤが出るし、口紅の持ちも長くなります。唇が乾燥してガサガサになっていると疲れて見えます。さらに、乾いたまま口紅を

塗ると、硬い唇に口紅が引っかかって、余計肌を痛め、しかもメイクが下手に見えてしまいます。もちろん、人間、唇が乾燥する日もあります。そんな日は無理に色をつけず、まずはリップバームを塗りこんで濡れた唇をつくりましょう。

もちろん保湿のためですが、そうすると、ガサガサの生々しさが半減し、「あ、この子疲れてるのかな、心配だな」と思わせる魅力になったりもします。**唇は、何が何でも濡れていてほしいので、**夜のパックや、リップを塗ったあとラップを唇にかぶせるケアをしたり、特に気を遣ってほしいところです。

ただ、唇のタテ線はあまり気にしすぎなくても大丈夫。唇は喋ったり食べたりするときに動くものだから、しわがないと切れてしまいます。しわは唇に必要なものです。

濡れ唇をつくったら、細かい縦じわは無視。いちいち目の敵にしても落ち込んでしまうだけです。キスしたときにひっかかるガサガサは嫌だけど、ふっくらとした唇にある縦じわが嫌いな男なんていません。

自分のお気に入りのリップクリームやバームを見つけて、今日から濡れ唇を絶やさないようにしましょう。

LIPS

自然につけるには直接ぐりっと塗るのが一番

口紅を塗るときは、そのままぐりっとスティックごと塗ってしまうのがいちばん。リップブラシでアウトラインをとると、「きっちり塗り込んだ感」が出てしまいます。直接塗ると、ラフな雰囲気を出す効果もありますが、ブラシで塗るよりいちばんいい位置につけることができるのです。ポイントは、山の部分。ここにぴったりあてていくように塗りましょう。これにさえ気をつけていれば、キレイに塗れます。また、**口紅を塗るときは、一度に強く塗るのではなく、何度か軽くつけて色を重ねていくこと。**素の唇でキレイなところに、さらに色をにじませるようなイメージです。

また、口角まできっちり塗って仕上げるメイクがありますが、これは絶対にダメ。口角は表情でつくるものなので、不自然極まりない顔になってしまいます。

LIPS

「生まれつき私の唇めくれあがってるの」という唇のつくり方

いつもより色気を出したいときにすぐできる、簡単な塗り方があります。それは、唇の山があるところから塗り始めること。真ん中3分の1のところからです。ここに直接ぐりっと塗り始めることで、めくれあがったようなグラマラスな唇が現れます。**ふくよかでみずみずしく、唇の山の部分が強調された、立体感のある唇です。**上下の唇のタテ3分の1を塗ったら、そのあと左右の残りを塗りましょう。

この唇の真ん中3分の1部分は、上下ともに多少はみ出しても気にしません。むしろ、あえてはみ出させるのもおすすめ。めくれあがり感が増し、まるで情熱的なキスをしたあとのような唇になります。

「アウトラインを描く」ことは忘れてしまいましょう。真ん中3分の1をぐりっと直接塗り付ければ立体的な唇のできあがり。メイクをセクシーに仕上げることができ、極上の女になれるのです。

LIPS

口紅は薄くからつければ誰もが何色でも似合う

口紅も、チークと同じく発色が淡ければ誰もが何色でも似合います。僕は唇も5分の2発色をおすすめします。普通の口紅の5分の2くらいの薄い色の直塗りは、ほとんどの色を自分の色にすることができます。

それでも、「この色はまったく似合わないな」というものや、「普段つけない色すぎて似合っているかどうかわからない」というものがあれば、「リップスティックのポンポン塗り」をしてみましょう。**ポンポンと軽く重ねていくことで、今までなかなか手が出なかった色も、自分の唇にすっとなじんできます。**

すべてのコスメにいえることですが、似合わない色があるのではなく、自分に似合う濃さを知るのが大切なだけなのです。こうすることで、どピンクや流行の真っ赤な口紅なども つけてみることができます。

たとえば普段ピンクが似合う人でも、何も考えずに発色が強い口紅を塗ると、下品になってしまうこともあります。口紅の発色は塗り方ひとつで調節できるものなので、鏡と相談しながら濃さを決めていきましょう。

注意したいのは、強い色が似合う人。強い色はすっぴん風のメイクに合わせないと仮面のようになってしまいます。肌をしみ一点もなく仕上げすぎたり、アイシャドウを濃い色にしたりすると、けばけばしい人になってしまいます。口紅もアイシャドウも、強い色を使うときは何も塗っていないような素肌感とミックスさせることを忘れてはいけません。**すべてのメイクを似合わせるのは、素肌感です。**

LIPS

口紅にグロスを重ねれば、ヌメっとしたセクシーさが出る

口紅の色は、チークやアイシャドウなどの色と合わせて決める必要はありません。

ここでも、コスメのどんな色でも足し算される法則が働きます。「色の持つ雰囲気を身にまとう」ことが、メイクで色を決めるときの要だと何度も言ってきましたが、色を何色も使えば、その雰囲気同士を足すことができます。

色がケンカすることなどはありません。ピンクとソフトなオレンジが近くにあれば「かわいらしくて、優しさもある」というような印象になります。

また、コントラストの対比も使えます。青と赤が近くにあると、対比が引き立って違和感で目立つようになります。

そして、唇は**グロスを上から重ねると、よりセクシーになります。**グロスは、皮ふ

の脂を現します。濡れた感じが出るのです。また、立体感も出すので、ちょっとセクシーさを出したいときは、口紅の上からグロスを塗ってみましょう。

バランスがおかしく見えるときは、色同士の組み合わせではなくて色が濃すぎるときです。あれ？　と思ったら、ティッシュでオフして薄くしましょう。

LIPS

最高に似合うベージュを探しあてると美人度が何割も増す

口紅の色にもイメージがあるので、作戦に応じて色を自由に選んでいきましょう。ニュートラルな赤はフェミニン、青みのある赤はかわいいセクシー、ピーチはかわいらしいなど、印象は変わってきます。

日本人はその中でもベージュがよく似合います。ほとんどの日本人に似合い、ビギナーにおすすめなのは「赤みのあるベージュ」です。ぱっと見ると口紅を塗っていないようにも見えるけれど、その実、すっぴんよりも血色がよく、華やか。そして、フェミニンさも立ちこめる。どんなメイクにも合わせやすいというメリットもあります。

最高に似合うベージュを手に入れた人間は、美人度がぐっと上がります。

ひとつだけ気をつけてほしいのは、黄みが強く赤みが弱いベージュ。生気のない顔に見えるので×。

自分の好きな色の口紅を揃える中で、赤みのあるベージュが一本あると、急に目上の人と会わないといけなくなった仕事でも、突然のデートで彼に会うときでも、安心の顔ができます。

フレームの大きなメガネがポイントのメガネメイク。じつは、NYでもナーディメイクと言われ、流行っています。

このメイクで大切なのは、本物のガリ勉に見えないようにすること。頭の先からつま先、そしてあなたのキャラクターのトータルでダサ可愛く見せるのがポイントです。ナーディメイクでポイントとなる、流行りの真っ赤やどピンクのリップは、濃くしてしまうと似合う人と似合わない人がいるので、必ず薄めからつけて似合う濃さを見つけてください。

ナーディメイクのポイントは、コントラストをつくることです。

黒ぶちメガネはそれだけでインパクトがあるので、アイシャドウはつけません。代わりに、チーク、口紅は、赤やピーチ、ピンクなどを使いましょう。可愛い女性色を駆使して、どきっとするような感じにまとめるのが王道。徹底的に可愛いところをつくってダサメガネとコントラストを出していきましょう。こうすることで、ただのガリ勉からおしゃれな女の子になります。

着る服でもコントラストをつけるとよりいいでしょう。普段からボーイッシュな人は、ヘアスタイルにレースやリボンを取り入れたりして女の子っぽい感じに。もともとセクシーな人は、教師風メガネにならないよう、洋服をラフに可愛く、という感じです。コントラストをつければつけるほどあか抜けます。

ナーディメイクをつくるときのゴールは「バカな女の子がメガネをかけて勉強できそうなフリをしてみた」です。メガネだけど勉強ができなさそう、これがナーディメイクの基本です。

メガネなのに勉強ができない
ように見せるのがポイント!
ナーディメイク

POINT

- アイメイクはしない
- チークと口紅は赤やピンクなどの可愛い女性色
- メガネとコントラストを徹底的につけるのがコツ

第3章

BODY

美女オーラは
ボディのツヤ

遠くからでも美人、近くによっても美人という人が本物です。
近くで美人に見えるためにはいつも通りの
「生まれつき美人」メイクをしましょう。
そして、遠くから美人に見えるためには「ボディのツヤ」を操ること。
ボディにもツヤが大切です。

男はベタベタしているのは嫌いじゃない

湿気とセクシーさには密接な関係があります。女性はさらさらが好きな人が多いけれど、男性は逆。もし顔が好みじゃなくても、湿気感のある肌は、それだけで好きになってしまいそうなくらい魅力的なものです。

特に、デコルテや腕のツヤツヤは本当に美しい。服から出ている部分にはボディクリームをしっかり塗るのも立派なメイク。内側からの湿気感を漂わせましょう。

もちろん、汗すらも利用するのが真の美人。

男性は汗をかいている女性を見て、べたべたして嫌だな、なんて思いもしません。むしろ無意識のうちに、つい「ぺたっ」と触りそうになってしまうのが男の性。「熱あるの、大丈夫?」と言わせるツヤを持つ女性は、上級者です。

僕が雑誌でメイクするときも、あえて霧吹きで水をかけて汗を演出することだってあります。だって、汗をかいた女性は最高に色っぽいもの。汗というのはものすごい魅力なのです。

ボディで大事なのは、とにかく質感です。質感には、色と同じように強い印象があります。プロのモデルの基本も質感を操ること。これを知っているだけで、全身から溢れてくる美人オーラが違うのです。**洋服から出ている部分は、ボディクリームをしっかり塗って出かけましょう。**

少し塗ってニュートラルなツヤ肌にするか、コッテリ塗って汗ばんでいるくらいのツヤ肌にするのかで質感はとても簡単に使い分けできます。

また、薄暗いバーでのデートなら、ボディクリームにアイシャドウのラメを少し足すのがおすすめです。ほのかな光の中、ツヤ肌にラメがときおりキラっと光ったら目が離せません。

そういうシチュエーションを考えながら質感をつくっていきましょう。

逆に、一日中太陽の下にいる日や、パーティでスポットライトが当たるとわかっている日には、ツヤは少し抑えめに。光に照らされてツヤが加速してしまうと、それもまた不自然になってしまいます。

男はメイクのなんたるかなんてぜんぜんわからないから、女性が使うたくさんの美人の魔法に簡単に引っかかっていきます。そのたびに「この人はなんて可愛い唇をしてるんだろう……」とか、「触りたいな……」など女性の思惑通りに感じています。

女性は、こういうわざを楽しんでも許される存在。女に生まれたからには、思いっきり楽しんでください。

余談ですが、汗の質感をモノにするには、『とらわれて夏』という映画を参考にしてみてください。夏の汗ばんだ肌の色気、成熟した女性の色気、自信のなさから現れる色気——すべてが揃っている。汗の効果が「これでもか！」と描いてあり、勉強になります。

ハイヒールを履いても、ハイヒールが目に入らない勢いで「キレイな脚だね」と言われるのを目指す

メイクを見せるのがメイクの目的ではないように、おしゃれもファッションを見せることが目的ではありません。自分を引き立たせるためのモノを選び、全身で勝負する意識を持ちましょう。「おしゃれなハイヒールだね」と言われるようではただのオシャレさん止まりです。ハイヒールなんて目に入らないくらいの勢いで、「キレイな脚だね」と言われないと意味がありません。そのためには、靴を試着するときに靴ではなく、自分の脚を見ましょう。

そして、肌は、洋服から出す以上、その部分を「見せている」と考え、責任を持ちましょう。

ノースリーブを着るのなら見せていい脇にする。オープントゥのミュールを履くなら、ネイルや足指の黒ずみや、かかとのガサガサに気をつける。よく動く手も、実はたくさんの人間に注目されています。**細部が美しいと「この人、本当に美人なんだな……」と説得力が追加されるのです。**誰かが油断している箇所を、あなたが美しくしているということは、とても価値があります。

肌を露出するからモテるのではありません。モテる肌を見せるからモテるのです。神々しいまでのビューティオーラは、つくり込みにかかっています。

男の波をかき分ける、美人オーラは肌のツヤ

パーティなどに現れると、その場にいる人の目を釘づけにする美女オーラを放つ人がいます。たとえば僕が見たことがあるオーラを放つ美女は道端ジェシカ。長い脚に、キレイな顔で、人の波を割って登場していました。

さて、あなたも、こういう美女オーラを手に入れてみましょう。まず、**決してメイクを濃くしてはいけません。**遠くから目を引くオーラをメイクでつくろうと思うと、どうしても舞台化粧になってしまいます。遠くからでも美人、近くによっても美人。それを狙ってください。そのためには気張らない、いままで説明したメイクを丁寧にやるだけで十分です。

むしろ、いつものメイクだと、朝起きてそのままドレスを着て来たのに勝手に似合っちゃった、というような雰囲気になり、とんでもない美人感を演出します。「今日家に服がドレスしかなくて」という感じで、気負いすぎないことがかえってオーラをつくります。**パーティで狙うのは、遠くから目立つメイクではなく、すれ違ったときに思わず目で追ってしまういつものツヤメイクです。**そこに、いつも通りの香水をつけて、そこはかとなくいい匂いを漂わせたら完璧です。

それでも、もう少し華やかにしたいなと思ったら、いつものメイクにプラスして、光を操るためにアイシャドウにラメを使ったり、華やかさを足すためにパールを使ったりしてみましょう。色ではなく、ツヤの強弱をつけるのはおすすめです。

厚化粧はいついかなるときも、NGです。

それでは、他にどこで差をつけるのでしょうか。それは、肌のツヤです。顔とつながるデコルテや、腕や足などの出ている部分を、すべて均等にツヤツヤにしましょう。

全身ツヤのある生き物が、ドレスに潜り込んだ、という雰囲気になれば、恐ろしいほどの美女オーラが出ます。

そして、服は思い切りハデにします。メイクは決してハデにしてはいけませんが、服は、遠いところまで美人オーラを飛ばします。30メートルくらいは大丈夫です。ハイヒールや服などのファッションは、たとえば背中を大きく出してみたり、足の長さを強調するなど、自分の得意な部分を一点豪華主義で出してみるのもいいでしょう。射程距離が長いオーラは、メイクではなくファッションでつくりこんでいくものです。

道端さんは、持ち前の長い脚を思い切り出したドレスに、やはり全身ツヤツヤの肌、それに、もともとの顔を生かしたナチュラルメイクしかしていませんでした。これがまた美人感を演出。モデルは、自分のことを知り尽くしているのです。

パーティの前に必ず鏡でチェックしてほしいのは全身のシルエット。ハイヒールからきゅっと絞ったツヤツヤの足首に、黒ずみのない膝小僧。顔と一体感のあるデコルテ。30メートルオーラで、顔を見る前に好きにさせてしまいましょう。

なお、SPF入りの日焼け止めを塗る人は要注意。日焼け止めに入っているのは、ツヤが出ない成分です。これを使うときにはベビーオイルやボディクリームを合わせて、ツヤを足してください。この一手間で、ぱっと見の印象が全然違います。

まずは、**30メートルオーラになる要素を積み重ねて、顔の期待感を持たせるようなシルエットをつくり、近くで見たら顔も美人だった、というのがいいでしょう。**接近戦ではいつもどおり、素肌感を活かした自然なメイクが生まれつき美人の手管です。

デコルテはオーラの源

デコルテにツヤを足すことは、顔のツヤ肌の何倍もぐっと色気を漂わせます。鎖骨にツヤが反射すると生き物っぽさが出るのです。そして、何度も言うとおり、ボディクリームを塗って、スキンケアとファンデーションでつくった顔のツヤと揃えると恐ろしいばかりのオーラが出ます。

ポイントは、完全に揃えるのではなく顔よりもデコルテのツヤをほんの少しだけ強めに入れること。顔のほうが凸凹《でこぼこ》があるため光の陰影ができやすく、同じツヤでも目立ってしまうためです。デコルテと顔のツヤをつなげつつ、光が当たる場所にいくなら弱めに、暗い場所に行くなら強めに、ツヤを足していきます。また、曇りの日も、光が柔らかいので、多めのツヤにしましょう。

体型でもツヤの出し方を変えていきます。

やせ気味でデコルテに骨が浮かび上がっている人は、ツヤは少なめにします。凸凹に光が反射して陰影がつきやすく、かえって骨が強調されてしまいます。**逆に、ふっくらしていてデコルテに凸凹が少ない人は、ツヤは多めに。**ツヤが出過ぎることなく、キレイな胸元になります。

また、胸元を強調したいときも、ツヤをたっぷりとつけるとよりグラマラスになります。ぺたんこ胸でも、胸を出した服を着たいときには胸の上側にツヤを。そうすることで、少しのふくらみでも陰影ができ、キレイな胸に見せることができます。

さらに、鎖骨と首の筋も忘れてはいけません。ここは、他人から見たらものすごくキレイな箇所。乳液をつけたりクリームをつけたりして、ほんのりつやめかせるだけで骨が色気を放ちます。骨は立体的なものだから、光を美しく反射してくれるのです。デコルテのツヤは「上質な本物」感を出します。このツヤが、あなたを格の高い女に仕立て上げるのです。**デコルテをつくっているなんて、みんな予想しません。**何だかわからないけどこの人美人だな、というものすごい武器になります。

逆に、顔とデコルテの質感が揃っていないと、いかにも「メイクしました！」という顔になる原因になります。たとえば、顔がマット肌なのにデコルテがツヤツヤの肌だとそれだけで古くて厚い化粧に見えてしまうのです。

いくらファンデーションの色がデコルテと揃っていても、質感が違うと、どうしても厚化粧に見えてしまう。ぱっと目に入る部分に複数の質感が存在するのは、生物として不自然なことだと心得ましょう。

アクセサリーを断食すると美が増す

アクセサリーをつける場所は、美しさのヒントになります。昔からずっと女性が「ここを飾れば美しく見える」と知っていた場所だからです。これらは、体の中でも細いところ、女性らしさを感じるところです。

耳、首、デコルテ、指、手首、足首……古代から女性がアクセサリーをつけたこの魅惑の場所ですが、「生まれつきの美人」はあえてここにはアクセサリーをつけないようにしましょう。代わりに何をするか。ツヤを出すのです。こうすることで、とんでもない美人が生まれます。たまにこうして、アクセサリー断食をおすすめします。

アクセサリーに頼らない気持ちは、美人度を押し上げます。

首やデコルテは顔の近くにあり、絶対に目に入る場所なので、特に入念にしましょう。手首、足首も、服からちらっと見える華奢な骨がツヤめいていたらドキっとします。

もし、アクセサリーをつけるとしてもクリームは忘れずに。「アクセサリーなんてあってもなくてもいいんだけど」と言えるくらい磨き上げます。自分が、キラキラのアクセサリーの引き立て役になるようなことだけはないように。

薄く色を重ねて、半分自分の肌の色、
半分はコスメの色を乗せれば、どんな色も似合う

Photo: Jem Mitchell
VOGUE JAPAN2015年1月号別冊付録
©2015 Condé Nast Japan
All Rights Reserved.

次はメイクですが、このときのメイクは、ドレスとの統一感は考えないことにします。つまり、ドレスは何でもかまいません。

まず、クリームでツヤとハリを出し、いつものオイルファンデーションとチークでベースメイクをつくります。
まぶたにツヤをつけたあと、赤味がかったピンクか、オレンジのアイシャドウをアイホール全体にほんのり塗ること。さらに、涙袋にも同じ色のアイシャドウをアイラインの下に５分の２発色でポンポンと入れます。涙袋に色を入れるときは、真正面から広い範囲に、涙袋を包み込むようにうっすらと入れましょう。

さらに、グレーのアイシャドウをキワに。グレーで目の輪郭を強調しつつ、優しさも加えます。もちろん、黒目の外側をいちばん濃くします。
この赤み系ほんのりカラーとグレーの組み合わせ、元気さとセクシーさの融合でほのかな色気がたまりません。

主役を食っちゃうくらいの女は、全身のツヤと目元が命。これだけでオーラをぐっと出すことができます。

結婚式荒らしメイク

友達の結婚式で一斉に注目を浴びる「結婚式荒らしメイク」。花嫁よりも視線を浴びちゃうかな？　くらいの罪深きメイクをお教えしましょう。

ここでは、もちろん、ツヤボディで30メートルオーラをつくるのは大前提。あの、ツヤツヤの生き物がドレスの中に入っています、一部はみ出ちゃってます、というボディです。

まず、自分ではつけ過ぎかな？　と思うくらいベタベタにクリームを塗ってツヤをつけます。これだけでも十分ですが、ここでクリームにオイルベースのファンデーションを合わせると全身が明るく輝き、神々しいオーラが出ます。くれぐれもパウダーではなく、このオイルベースのファンデーションにしてください。

パウダーを混ぜてしまうと、肌が乾いたときに粉が残ってしまうので要注意です。

さらに、膝小僧にも、他の皮ふと色がフラットになるまでファンデーションを重ねづけ。上級テクニックとして、ピンクのチークをほんの少し混ぜても明るさが出ます。

ここまですれば、「ドレスにカラダを半分隠したツヤツヤの高貴な生き物」のできあがり。

第4章

HAIR

髪の香りは飛び道具

髪の香りはものすごい威力。
香水よりさり気なく自然に香らせることができます。
また、顔周りはラフにすること。動きが出ます。
髪に動きがあると、目が離せない女になります。

どんな髪型よりも、髪を上げたり下げたりして香りを飛ばすのが一番

女性にとって鉄板の武器は、髪の香り。こんなに活用できる飛び道具はありません。好きな人と一緒にいるときは、必要がなくても髪の毛をラフに結んだりバサバサほどいたりして、髪の香りをまき散らしましょう。これだけで、あなたのことを大体の男は好きになります。

髪についているいい香りがふわふわふわーっと飛んでいくのは、女性の特権。「なんでそんなに髪の毛いじってるの?」と男性は思うときもありますが、香りにつられてあまり考えなくなっているようです。

あらかじめ好きな匂いのコンディショナーやオイルなどで、髪の毛に香りを軽くつけておいて、シュシュは常に持ち歩く。そして、髪を上げ下げします。ただし、食事で香りをつけすぎると気持ち悪くなってしまったり、髪のいじりすぎは清潔感がないので、場所はわきまえましょう。**遠くにいるとわからないけれど、近づいたときにふといい香りがする、というのが最強。**

髪の上げ下げはシンプルだけれど、全員今日からやったほうがいいでしょう。ショートカットの人も、常に髪をかきあげたりしましょう。

ヘアスタイルは短い、長いは関係ない

ヘアスタイルで大切なのは、顔周りです。じつは、自分の顔立ちに、長さやウェーブなどの髪型自体は関係ありません。髪型自体は、自分の好きな長さやニュアンスを選びましょう。

似合うスタイルを見つけることが必要なのは顔周りだけです。自分の顔を最大限に可愛くして見せる顔周りという額縁を探すことで、絵である顔を彩《いろど》り、メイクの効果がより引き立ちます。

ヘアスタイルの使命は、美しい髪を見せることではなく、顔を可愛く見せること。だから、「その髪可愛いね」と言われたらアウトです。顔周り——前髪の長さや流し方、量、分け目、輪郭の周りや、耳回り部分——のベストを探しましょう。

顔周りに必要なのは、「ぼさぼさ感」。つくっていない、「生まれつき美人」感を出すのにはラフな髪が必要です。**顔周りには、動きのあるラフさをつくってください。**

そこさえ研究すれば、どんなヘアスタイルだって似合わせることができます。たとえば、今不人気のボブですが、その理由はボブが直線的であることだと思います。

しかし、ボブが好きなら、シャープな印象になりすぎないようにあえて顔周りにラフ感を入れることで取り入れやすくなります。もちろん、ストレートのロングヘアなど、シャープな髪型もそうです。**特に顔周りの髪は、動きを出すことで自分の表情が目立つようになります。**たとえば前髪の5ミリや流し方など少しの角度で大きく変わります。よく鏡を見て研究しましょう。

カラーも、自分の好きな色にして大丈夫。清楚で肌を白く見せたいなら黒髪、大人っぽさならダークブラウン、ふんわり見せたいならピンク系のブラウン、黄味のあるブラウンは軽さの中に上品さがあり、落ちついた雰囲気になります。レッド系は、女の子らしい印象になりますが、濃くなってくるにつれて、安っぽくなってしまうので気をつけてください。

まとめ髪から似合う髪を見つけていく

それでは、自分に似合う髪型を見つけていきましょう。髪を一度、前髪も含めてまとめ、アップにしてください。髪の毛が短い人は、ピンでとめてみてください。

そこから、少しずつゆるくしていき、前髪とサイドの髪の毛の量を見て自分に似合うと思うところを探します。美容師というプロの力を借りるのももちろんＯＫです。

まず、顔のどこを目立たせるか、隠すかを考えることから始めます。丸顔なら、前髪の幅を短めにすると、シャープに見えます。細面はその逆です。

また、前髪は額縁のなかでも「目力を強くする」という重要な役割を持っています。前髪のラインでその人の印象は大きく左右されるのです。

ぱっつんの前髪は、どんな人でも手っ取り早く目力を強くすることができる髪型です。特に目の上ぎりぎりで前髪をつくると、目の印象が強くなるので、ひときわ目を大きく見せたい人にはおすすめです。ただし、まっすぐすぎるとそのラインそのものが主役になったり、かつらや市松人形のように見えてしまう危険もあります。

ですので、隙間をつくることを心がけましょう。そうすると、目が大きく見える効果を保ったまま顔になじみます。ラインを少し崩すだけで今どきのラフな顔になるし、ぼさぼさ感にもマッチします。

サイドにラフな動きのある髪やおくれ毛をつくると、影がつき雰囲気が出ます。またほっそり小顔効果もあります。それに、結んだときにもその一筋に動きが出て、女性らしさもぐんとアップします。

自分の顔とヘアスタイルの組み合わせの効果を鏡でよく調べれば、自分に似合う顔周りのスタイルが見えてくるもの。1ミリにこだわる女になりましょう。

また、たとえば丸顔を隠したいがために、顔周りの髪を、自分が似合う量以上に多くしている人もいます。コンプレックスを下手に隠すと、隠そうとしている意図が見えて、逆に目立ってしまうので、さりげないかどうかのチェックが必要です。

まとめ髪自体が似合う人もいます。そういう人はラッキーです。しかし、常にまとめ髪にするような怠惰なことはやめましょう。たまにやるから引き立つのが、まとめ髪です。必ず他の似合う髪型を探しましょう。

ずっと何年も同じヘアスタイルの人もいるけれど、大切な額縁とはいえ、ひとつに固執すると、いつの間にか古い顔になっている可能性が高いです。「似合う」のバリエーションはたくさんあります。増やすことから始めましょう。髪は伸びるのだから、失敗しても大丈夫。重く考えずに、いろいろな自分の「似合う」を探してみてください。

すし屋理論

メイクは、すし屋理論で行ってください。

このすし屋理論というのは、僕が考えた理論なのですが、簡単に言うと、すし屋のカウンターくらいの距離で座ったときに、「美人だなあ」と思うメイクです。つまり、このくらいの近さで、まったくメイクした感が見えないようにすること。

そのとき、伸ばした腕が美しかったり、指先が手入れされていたりすると、コロっといっちゃいます。近寄ったときに、細部が美人だというのは、本当に罪なものです。

食事のときに、爪がゴテゴテにデコレーションされていたり、ぬめっとしすぎたリップグロスなどはそぐわないですね。

シーン別に自分のメイクを変えて、でもシーンに納まらず、目立つようにちょうどよくは
み出す。これができれば最高級の美人です。

ブスな部分はあなただけのアクセント。
自信を持って放っておこう

第5章

THE BEAUTY GOES ON

美人は
高みを目指す

アンバランスさは味方になります。
ブスな部分があると、より個性的な美人になるように、
かけ合わせに違和感があれば
あるほど目を引きます。
メイクでも服でも、冒険すればするほど
目立つようになります。

クリームだけは持ち歩く

どんなコスメを持ち歩くといいかとよく聞かれますが、僕は、コスメではなく、いついかなるときもクリームを持ち歩くことをおすすめします。一年中24時間、皮ふには油分をまとわせることが必要です。家の中はもちろん、外出先でも乾燥したらすかさずオンできるよう、必ずバッグに忍ばせておきましょう。

外でクリームを顔に塗る場合、パウダーファンデーションだとよれてしまうので一度オフしなければなりませんが、**オイルベースのファンデーションであれば上から重ねづけして構いません。**

特に乾燥する時期は、目尻、口元のしわポイントのつっぱりには常にクリームで対策しましょう。

さらに、メイクをオフできる状態になったら、すぐさま洗顔して保湿し、クリームを塗る習慣をつければ言うことなしです。とにかく全身、均一に膜で保護しつづけることが美肌への道。いつも保湿をしている人間こそが、生まれつき美人の基本です。

アンバランスさは魅力になる

美人とブスが混ざり合うと、より魅力が増すように、アンバランスさは魅力です。清楚な服なのに、セクシーな透け感があるとドキっとすることがありますね。このように**「違うもの同士」を組み合わせると「なんだかヘンだな」と目が離せなくなります。**これは、もちろんメイクでも応用できます。

いちばん簡単なのはコッテリツヤ肌＋清楚な服。清楚な服なのに、セクシーなツヤ肌だと「あの人、清楚な服なのに何だかわからないけど色っぽいよね」と言われるでしょう。トレーナーやパーカーなどのカジュアルファッションにも応用可能です。「ラフなのにセクシー」と思われます。髪を無造作に結んだだけなのに、まぶたと唇にツヤがあってセクシーなのも美人に見えます。しかも、メイクの場合は服と違って「理由がわかりづらい」ので「何だかわからないのにセクシー」と思わせます。

無難に同じテイストでまとめることばかり考えると、つまらない人間でまとまります。その場の雰囲気から「ちょっと外れる」のが美人に見せるテクニック。もし、「今日はめちゃくちゃ目立ちたいんだ！」と思ったなら大胆に外す。大胆に外すと、その場から完全に浮く危険もあるから、勇気が必要ですが。それでも、自分だけ違うということは自分の価値を出すことです。アンバランスさを使って、冒険してみましょう。

夏も保湿を忘れない

べたべたする夏も、実は肌は乾いています。汗でべたついているように見えても、その下の肌は太陽の光を浴びて乾いており、気づかないうちにしわがしっかり進行してしまっています。べたついた肌の上からでも、気にせずさらに保湿性のクリームを使って油分でフタをしましょう。

もちろん冬の乾燥対策はマストです。全身べたべたにするだけでなく、乾燥を感じる部分は特に重点的に。1回塗って足りなければ、つっぱらなくなるまで重ねづけします。

特に朝、寝る前にたくさんクリームやオイルで保湿したとしても、起きたときに乾燥するようだったら、塗り方が足りないか、油分が不足しているということ。そういう人は重症なので、寝る前にさらりとしたオイルやクリームではなく、ヴァセリンなどの重い油分でフタをして眠ることをおすすめします。

肌表面の潤いを油分でしっかりフタをし、朝まで乾燥のスキをつくらないことです。

光を武器にして天使みたいに見せる

美人は「立体感」を味方につけているものです。

そのためには、光のことを知り、利用しましょう。基本は、**光を見つけたらまず真正面に立ち、浴びること。**まっすぐ自分に光を当てることで、立体感が出るのです。たとえば腕やヒザにクリームを塗ると、センターが光って周りに影ができ、立体感が出て、ほっそりと見えます。ツヤツヤにするだけでマイナス2キロ効果。やらない手はないでしょう。これは、ストッキングも同じ。正面がいちばん薄くなることで光って見え、勝手にハイライト効果が出るのです。

避けたいのは薄暗い店で横からライトが当たること。影ができてほうれい線がうかびあがってしまいます。**キャンドルなど置いてあれば、必ず顔のセンター下になるように座りましょう。**上に向かって影ができ、リフトアップ効果も出ます。「お好きなお席へ」と言われたら、すかさずライティングをチェックしましょう。

さらに夕日は、女性を天使に見せる、とっておきの光です。だんだん暗くなる中、正面から私を照らす光……薄暗い中にわずかな光があると、その人間に集まっているように見えるので、正面だけでなく横から見ても最高にキレイです。朝日の場合も同じことです。彼といるときは、朝日をしっかりと浴びましょう。

美しさには理由がある

「今にも泣き出しそうなメイク」（138ページ）は、人が泣きそうなときの魅力をメイクで表したものですが、メイクのヒントは、色んなシーンにあります。

人が泣いているとき、心配しますよね。「何か目が赤くない？　泣いてない？」と。

相手の心を動かす顔というのは、泣いていようがなんだろうが、魅力があるということなのです。疲れているときも同じです。「何だか疲れてない？」と思わせる。「大丈夫かな、心配だな」とその疲れた顔が人の心を動かしたなら、それは魅力です。メイクはそのエッセンスを再現するのです。

たとえば、キスしたとき、唇はどんな色になるか。特に、性的な表現は、魅力を増大させます。ぜひとも、いろんなところで観察してみることをおすすめします。

映画を見たときに、「この人たちの美しさは、いったいどこから来ているんだろう」と考えるのもいいでしょう。キスシーンで、口紅できれいに仕上げていた女優の唇が、相手の唇でオフされたという質感がセクシーだったりする。真似をするなら、薄い赤味のあるベージュにして、グロスを上にオンして再現してもいいかもしれない。世界中、メイクのヒントは転がっています。

自分に似ている芸能人をベンチマークにする

芸能人やモデルは、プロです。毎日鏡を見て自分の最高に可愛い姿を研究しつくし、ヘアメイクなどもついている。「似ている」と言われる人を参考にして、自分にちゃっかり取り入れてみてください。

自分に似ている有名人を見つけたら、眉毛、前髪、サイドの髪、アイメイク……あらゆる要素を検証します。**その人の雰囲気を決めているパーツを探すのです。**なぜこのメイクなんだろう？　と考える。芸能人はいつも同じヘアスタイルやメイクではないから、そのバリエーションを集めるのもいいでしょう。「この人みたいになりたい」と思うのではなく、美人になるヒントをもらうのです。基本は、あなただけの美しさを追求することですから。

自分に似ている人の情報を集め、プロの知恵をいただきましょう。

逆に、まったく似ていない人を参考にいくら頑張ってメイクをしても、その人のようにはなれません。「素敵だな」と思うのはいいけれど、ないものねだりは時間のムダ。まずは、すぐに実践できる美を集めることから始めましょう。

お風呂での血行の良さも味方にしてスキンケアに励む

お風呂は、忘れてはいけないビューティタイムです。体の内側からあたたまって肌の機能が活発になるから、美容成分を効果的に浸透させられます。湯船に浸かれば浸かるほど、美人度は高まります。

おすすめは、お湯につかりながらのパック。血行がよくなり、肌もやわらかくなるお風呂でのパックは効果抜群です。お気に入りの美容液やナイトクリームを塗っても同じ効果があります。汗をかいたら一度洗い流してもいいし、つけたまま上がっても構いません。

ちょっとむくんでるかな？　というときは、熱いタオルを顔に乗せてからマッサージをしましょう。ここでは、強く押したり、引っ張ったりしないこと。自分が気持ちいい程度が目安です。筋肉やリンパを刺激することでより浸透する……なんてことはないけれど、血行をよくすることで体全体がぽかぽかになるし、何より時間をかけて自分の顔や体をちゃんと触ることが大切です。触れば触るほど美人になるのです。

せっかくだから、お風呂タイムでエクササイズも。舌を大きく回すと、顔や首の筋肉が刺激され、顔のたるみ防止に効きます。継続してやってみてください。

この毎日のビューティタイムの蓄積が、10年後に大きな差になるのです。

COLUMN

急に体重が増えたり減ったりするのが、お肌がたるんでしわになる

美人でい続けたいなら、体重の増減に気をつけましょう。太ったり痩せたりを繰り返すと、皮ふが伸び、ゆくゆくは肌のたるみになってしまうのです。ダイエットよりもキープを意識。それが、長い間美人でいる秘訣です。個人的には女性のぽにょっとした感じも好きですが、やはり女性はスレンダーなスタイルに憧れる人が多いようです。

そのためにも必要なのは、やはり運動と食生活。

プロのモデルは、運動を一種類だけ追求するのではなく、いろいろなスポーツを取り入れています。水泳ばかりしていると肩幅が広くなるように、ひとつの運動ばかりすると、特定の部位に筋肉がつきすぎ、かえってやわらかさを失ってしまうのです。モデルたちは、筋肉がつきすぎないようにして女性らしい体をキープしています。

オススメなのは、体をクロスさせ、コアを意識するスポーツ。サーフィンやキックボクシングは全身のバランスが整います。わざわざモデルになってもらうためにサーファーをスカウトするカメラマンもいるくらいです。

おわりに

海外の女性と日本人との違いは、人と違っても、全然気にしないところ。もちろん、どちらの方がより美人などということはありませんが、その自己肯定感は、顔に表れます。あの子が50人にモテて、自分は5人にモテていても、それで満足。フランスなどのヨーロッパの女性は整形する人が少ないと聞きますが、それも生まれつきの自分の顔に誇りがあるからでしょう。日本人は、ひとつの顔が流行すると、全員がそれを価値のあるものだと思ってしまう。僕は、見ていてそれはかわいそうだな、と思います。

僕は、毅然《きぜん》とした、でもチャーミングで色気のある人が美人だと思います。誰かのマネをする人だけは、認めたくありません。

この本でお伝えした「生まれつき美人に見せるメイク」をすると、はじめは「これでいいのかな？　薄くないのかな？」と思うかもしれません。ブスな部分をつい隠したくなったり、もっとはっきりした色をのせたくなったり、「メイクしてます！」という顔にしたくなるかもしれない。

けれど、安心してください。外に出ると、必ず褒められるはずです。

ブスなところを絶妙なラインで薄めて、魅力的なところを最大に活かすのが、僕のメイクです。

一回やってみれば、誰がどう見ても、生まれつき美人になれるはずです。

今日から、自分の顔をじっと観察するのがあなたの日課です。

可愛いところ、ブスなところ。

どんな自分に見せたいのか。

肌はどんな状態か。

それこそ、眉毛の1本1本に、「これはここにいていい毛かな？」と問いかけながら、自分の顔をよく見てください。

僕は、メイクするときは、必ずその女性の気持ちになってメイクするようにしています。「私はどんなメイクをするとベストなんだろう」と思いながら、メイクをするのがいちばんだからです。モデルから一般の人まで、さまざまな人に乗り移ったようなものですが、それでも、その全員を「生まれつき美人」にしてきたつもりです。美人にならない人なんていません。

僕はプロのメイクアップアーティストですが、それでも魔法使いではありません。どこにもない美をつくり出しているのではなく、あるものを引き立てているだけです。

メイクをするって、楽しい。自分の顔って、美人だ。

そう思ってもらえたら、この本を書いてよかったな、と思います。

［著者］
吉川康雄（よしかわ・やすお）
メイクアップアーティスト。各国のVOGUEなどの表紙をはじめ、ヒラリー・クリントンや、カトリーヌ・ドヌーブらセレブリティも多く手がけている。NYを拠点に、世界のトップメイクアップアーティストとして活躍。
1959年、新潟県生まれ。1983年から活動を開始し、ファッション誌や広告制作で活躍後、1995年に渡米。
15年前、日本で流行していたパウダーのファンデーションがやけに女性を疲れさせて見せることに衝撃を覚え、ツヤ肌を提唱。女性の生まれつきの顔を活かしたメイクを得意とし、どんな顔でも魅力的に仕上げる。
著名ブランドの広告、コレクション、セレブリティのポートレイト用メイクなど、幅広く活躍中。2008年３月からはプレステージブランド「CHICCA」のブランドクリエイターを務め、毎シーズン、日本の大人の女性に向けたメークを提案している。
世界を飛び回る毎日だが、休日はNYの自宅で妻と娘と過ごす。本書が初の著作。

生まれつき美人に見せる

2015年２月19日　第１刷発行
2015年12月15日　第７刷発行

著　者――吉川康雄
発行所――ダイヤモンド社
〒150-8409　東京都渋谷区神宮前6-12-17
http://www.diamond.co.jp/
電話／03･5778･7234（編集）　03･5778･7240（販売）

装丁･本文デザイン――矢部あずさ（bitter design）
イラスト――森千章（Wind Press 71）
編集協力――田中裕子
協力――CHICCA
本文写真――model : Rachel Alexander（P.57）
model : Anna Speckhart（P.85, 173）
校正――吉田房枝
DTP ――ニッタプリントサービス
製作進行――ダイヤモンド・グラフィック社
印刷――加藤文明社
製本――ブックアート
編集担当――中野亜海

©2015 Yasuo Yoshikawa
ISBN 978-4-478-06486-3
落丁・乱丁本はお手数ですが小社営業局宛にお送りください。送料小社負担にてお取替えいたします。但し、古書店で購入されたものについてはお取替えできません。
無断転載・複製を禁ず
Printed in Japan